NEWS ENGLISH 2

윤희영의
뉴스 잉글리시 2

일러두기

1 이 책에 수록된 원문 뉴스는 《BBC》 《Daily Mail》 《we are change》 《POLITICO Magazine》 《Fox news》 《Daily Good》 《LYBIO》 《Evoke》 《Reader's digest》 《The Sunday Times》 《the blaze》 《Us Weekly》 등 다양한 해외 언론사에 출처와 저작권이 있습니다.

2 각 뉴스의 한글 번역은 저자가 정리, 요약, 재구성하였으므로 해당 뉴스의 원문 문장과 완전히 일치하지는 않습니다.

NEWS ENGLISH 2

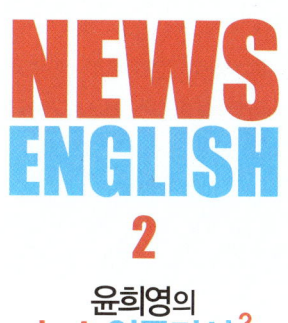

윤희영의 뉴스 잉글리시 2

윤희영 지음

샘터

독자들이 영어를 두려워하지 않는 날을 기다리며

《조선일보》에 2010년부터 지금까지 '윤희영의 News English'를 연재하게 된 것은 고교생, 대학생, 직장인 등 젊은 독자들에게 느끼는 '동병상련(同病相憐)' 때문이었다. 각종 입시·취업 시험에 빠지지 않는 시사·영어·작문을 '원 스톱' 서비스 해줄 수는 없을까, 부담 없이 읽으면서 시사상식도 넓히고 자연스레 요긴한 영어 표현도 익힐 수 있는 '모듬' 차림상을 차려 내보면 어떨까 하는 생각에서였다.

'동병상련'이라는 표현을 쓴 것은 나 자신이 외국어·시사상식 때문에 절박함을 겪어봤기 때문이다. 외대 동시통역대학원 한국어·스페인어·영어 전공 3년 과정을 다닐 때였다. 군 미필 상태였는데, 당시엔 6개월(훈련 4개월+전방 2개월) 만에 병역을 마치는 석사장교 병역특례가 있었다. 응시 요건은 대학원을 졸업한 석사학위 취득자였다.
그런데 동시통역대학원은 논문이 아닌 졸업시험으로 석사학위 수여 여부를 결정했다. 나는 한국어·스페인어·영어를 오가는 동시·순차 통역 등 10과목 시험을 봐야 했고, 한 과목이라도 80점 이하일 경우 과락 처리돼 석사장교 시험에 응시조차 할 수 없는 상황이었다. 한 과목만 낙제를 해도 곧바로 입대해 "군대가 무슨 양로원인 줄 아느냐"는 구박을 받으며 3년 군대생활을 해야 할 처지였다.

당시 내 담당 교수는 불어·독어·네덜란드어·스페인어·영어를 자유자재로 구사하는 벨기에 출신 국제통역사였다. 까탈스럽기 그지없고, 인정사정 보지 않는 얄짤없는 '독종' 스타일이었다.

어찌해볼 도리가 없었다. 정면 돌파하는 수밖에…….
졸업시험 10개 전(全) 과목 동시 통과를 목표로 눈에 불을 켜고 노트에 영어·스페인어 신문 기사에 나오는 요긴한 관용구와 좋은 표현들을 깨알같이 적어가며 외웠다. 기자들이 쓴 문장은 현지인들이 구사하는 언어 중에서도 가장 정갈하고 세련된 것들이어서 아주 유용했다. 그 경험이 '윤희영의 News English'를 연재하는 단초가 됐다.

시시콜콜 이런 얘기를 늘어놓는 것은 독자들이 어떤 수준의 어떤 표현들을 가장 필요로 하는지 절실히 공감하고 있다는 말씀을 드리기 위해서다. 학창 시절 수학을 잘 못했던 수학 선생님이 학생들에게 보다 쉽게 더 와 닿게 잘 가르치시는 것과 비슷하다고나 할까.

외국에서 태어나거나 어린 시절부터 살았던 경우 외엔 외국어로 말할 때 머릿속에서 일단 번역을 한 뒤 입으로 읊는 과정을 거치게 된다. 아무리 언어감각을 타고났어도 이 한계를 뛰어넘기는 쉽지 않다. 따라서 외국어를 잘 구사하려면 숙어와 관용구들을 가능한 한 많이 익혀야 한다.
그러면 입에서는 외워놓은 관용 표현들이 술술 나오게끔 하고, 그 사이 머릿속으로는 다음에 무슨 말을 할지 생각할 짬을 가질 수 있게 된다. 말이 끊어지거나 우물쭈물하지 않으니 '머릿속 번역 과정' 없이 유창한 외국어를 구사하는 것처럼 보이게 되는 것이다. 그래서 '윤희영의 News English'에서는 되도록 많은 숙어와 관용구들을 소개하는 데 주력하고 있다. 같은 말뜻이라도 다양한 표현을 구사할 수 있도록 동의어 구문들을 최대한 많이 활용한다.

외국어 공부엔 신문이 매우 유용한 도구다. 동시통역대학원에 다닐 때나 대학 시간강사로 일할 때, 신문에서 주요 기사들을 쭉 읽고 난 뒤 영자신문에서 같은 내용의 기사들을 찾아 읽었다. 그러면 조금 전에 읽었던 우리말의 관용적 표현과 각종 시사용어들을 영어로는 뭐라고 하는지 금세 머릿속에 들어왔다.
지금이야 각 언론사마다 홈페이지에 기사들이 올라오고 영문판엔 영어로 번역된 해당 기사들이 있으니 클릭 한 번으로 한눈에 한·영(韓英) 대역 공부를 할 수 있다. '윤희영의 News English'는 한 발 더 나아가 그런 불편함도 줄인 것이다. 유용한 기사들만 선별해 여기저기 오갈 필요 없이 한 공간에서 꼭 알아둬야 할 영어 표현들을 해당 문구 바로 뒤에서 볼 수 있도록 했다.

www.onlinenewspapers.com이라는 사이트가 있다. 대륙별 국가별로 주요 일간지부터 지방지들까지 수천 개의 영자신문 주소와 연결돼 있다. 미국·영국의 유력 일간지들부터 파푸아뉴기니의 《내셔널》, 아프리카 르완다의 《뉴타임스》에 이르기까지 전 세계 온라인 뉴스를 모두 볼 수 있다. 시간 나는 대로 틈틈이 이곳을 헤집고 다니다가 눈에 띄는 내용이 있으면 관련 기사들을 모두 찾아보고, 그중에서 표현이 가장 다채롭고 고급스러운 2~3개를 추린다. 그리고 그 기사들을 또 대비해가며 더 나은 표현들을 발췌해 '윤희영의 News English'를 만든다.

책으로 나온 것은 두 번째다. 2011년에 출간한 《윤희영의 뉴스 잉글리시》는 과거 블로그에 썼던 것들을 선정해 언제 어디서나 자유로이 구사할 수 있는 실용회화와 직독직해에 중점을 뒀다. 신문에 나온 것들을 선별한 이번 책에선 외신들에 등장하는 영어 표현 학습에 초점을 맞췄다. 핵심 단어와 예문을 설명하고, 관용구와 동의어를 별도 페이지로 구성해 머릿속에서 잊힌 영어 표현들을 자연스레 되살릴 수 있도록 했다.

중·고교·대학에서 10년 이상 영어 공부를 했지만 늘 실력이 부족하다고 느끼는 독자, 취업 영어(토익·토플)에만 매달리다 막상 사회생활을 하게 되면서 업무상 다양한 영어 표현의 필요성을 느끼는 독자들에게 도움이 될 수 있도록 했다. QR코드를 통해 《조선일보》에 게재된 '윤희영의 News English' DB를 연결해 보고, 해외 언론사 사이트에서 기사와 동영상도 찾아볼 수 있도록 꾸몄다.

《조선일보》 뉴욕특파원으로 유엔과 월스트리트를 취재하며 쌓은 경험과 노하우를 바탕으로 어떤 내용에 어떤 영어 표현들을 버무려야 가장 먹기 좋고, 영양가도 많고, 소화도 잘 될까 고심해 내놓은 '모둠' 차림상이다. 부디 독자들의 입맛에 맞았으면 좋겠다.

2017년 3월

윤 희 영

월드 뉴스로 다양한 표현을 마스터하는 가장 쉽고 빠른 길!

《윤희영의 뉴스 잉글리시 2》 이렇게 구성했습니다

STEP 01 부담 없이 읽을 수 있는 다양한 글로벌 이슈!

국내외에서 일어나고 있는 이슈들을 주제별로 다양하게 모았습니다. 월드 뉴스를 기반으로 한 생생한 시사상식과 영어 표현 그리고 주제에 걸맞은 삽화는 재미있게 영어에 접근할 수 있도록 돕습니다.

①

2nd NEWS **지구촌은 뜨거운 용광로!**

STEP 02 핵심 단어와 영어 표현 활용

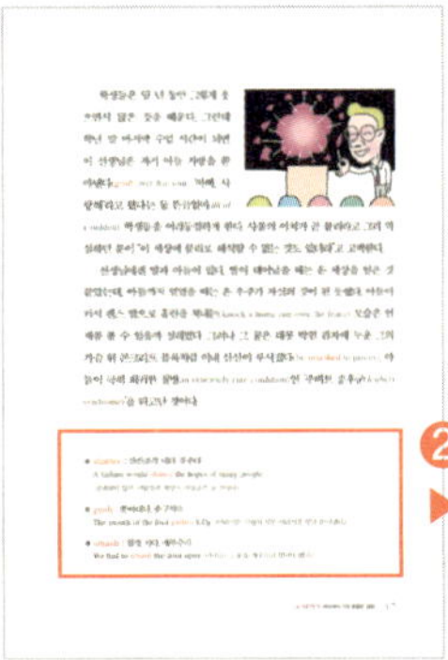

각 챕터 영어 표현에 등장하는 중요한 단어 다섯 개를 꼽아 뜻과 예문을 함께 보여줍니다. 예문을 통해 단어 본래의 뜻과 의미를 되새길 수 있습니다.

②

* **shatter** : 산산조각 내다, 부수다
  A failure would shatter the hopes of many people.
  (실패하면 많은 사람들의 희망이 산산조각 날 것이다.)
* **gush** : 쏟아내다, 솟구치다
  The mouth of the fool gushes folly. (어리석은 사람의 입은 어리석은 말만 쏟아낸다.)
* **smash** : 힘껏 치다, 깨부수다
  We had to smash the door open. (우리는 그 문을 깨부수고 열어야 했다.)

모든 **영어 뉴스 원문**은 각 챕터 시작 부분에 삽입한 **QR코드 링크**로 들어가면 상세히 살펴볼 수 있습니다.

STEP 03 관용구 & 동의어로 심화 학습

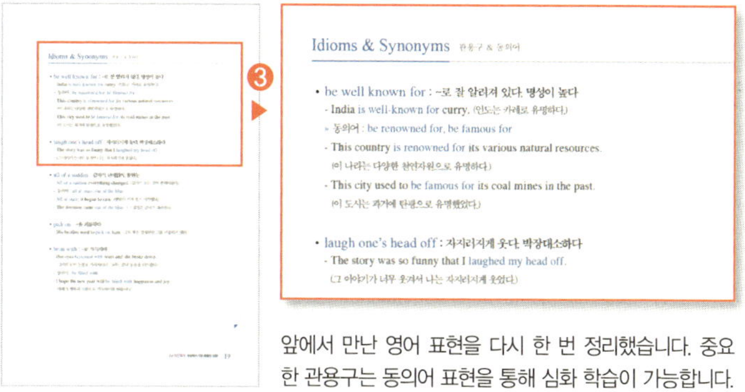

앞에서 만난 영어 표현을 다시 한 번 정리했습니다. 중요한 관용구는 동의어 표현을 통해 심화 학습이 가능합니다.

STEP 04 영어 원문 뉴스 수록

학습한 내용을 정리하고 복습할 수 있도록 영어 뉴스 원문을 일부 수록했습니다.

STEP 05 쉬어 가는 코너

유머 & 수수께끼, 명언 & 속담 코너를 통해 일상생활에서 활용할 수 있는 표현을 담았습니다.

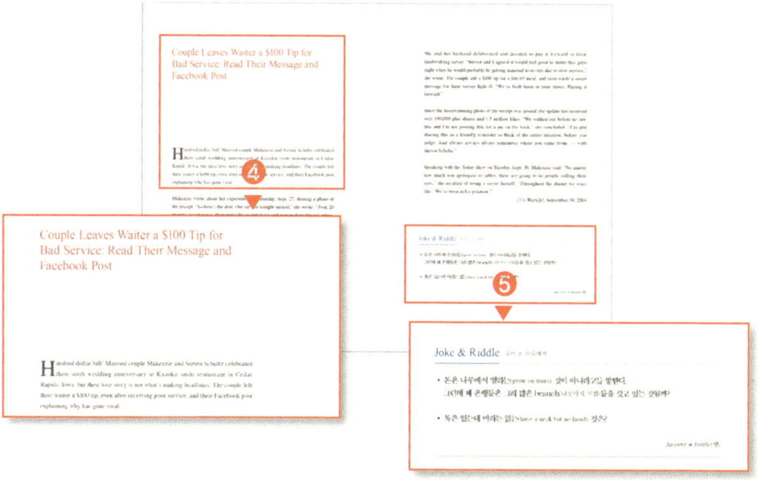

Contents

Contents

4th NEWS 아는 것이 힘

5th NEWS 세상에 이런 일이!

NEWS ENGLISH 2

01

1st News

세상에서 가장 뭉클한 감동

The last class of a physics teacher

A couple on their wedding anniversary and a waiter

Elephants' virtue in a battlefield

A world travel with her dead father

An astonishing coincidence

Live to the point of tears

The reason why a billionaire bulldozed out his home village

Farewell letter of a principal

The last class of a physics teacher
물리 선생님의 마지막 수업

미국 켄터키 주 루이빌메일 고교의 물리 교사(physics teacher) 제프리 라이트 씨는 익살스러운 것으로 유명하다(be well known for his antics). 힘과 에너지에 관한 물리 수업을 한다며(teach a physics lesson about force and energy) 학생들 앞에서 특이한 실험(odd experiment)을 선보이기 때문이다.

속이 빈 콘크리트 블록을 가슴에 얹은 채 못이 박힌 판자 위에 누워(lie on a bed of nails with a cinder block on his chest) 학생들에게 대형 망치로 산산조각 내게 하는(shatter it with a sledgehammer) '쇼'를 벌인다. 그의 생김새도 그러려니와 한마디 한마디가 어찌나 웃기는지, 수업 시간 내내 학생들은 배꼽을 잡는다(laugh their heads off).

---

* antics : 익살스러운 행동, 터무니없는 행동
  He tolerated her antics. (그는 그녀의 터무니없는 행동을 참아냈다.)

* odd : 특이한, 이상한
  Something odd began to happen. (뭔가 이상한 일이 일어나기 시작했다.)

학생들은 일 년 동안 그렇게 웃으면서 많은 것을 배운다. 그런데 학년 말 마지막 수업 시간이 되면 이 선생님은 자기 아들 자랑을 쏟아낸다(gush over his son). '아빠, 사랑해'라고 했다는 둥, 뜬금없이(all of a sudden) 학생들을 어리둥절하게 한다. 사물의 이치가 곧 물리라고 그리 역설하던 분이 "이 세상에 물리로 해석할 수 없는 것도 있더라"고 고백한다.

선생님에겐 딸과 아들이 있다. 딸이 태어났을 때는 온 세상을 얻은 것 같았는데, 아들까지 얻었을 때는 온 우주가 자신의 것이 된 듯했다. 아들이 커서 펜스 밖으로 홈런을 쳐내는(knock a home run over the fence) 모습은 언제쯤 볼 수 있을까 설레었다. 그러나 그 꿈은 대못 박힌 판자에 누운 그의 가슴 위 콘크리트 블록처럼 이내 산산이 부서졌다(be smashed to pieces). 아들이 극히 희귀한 질병(an extremely rare condition)인 '주버트 증후군(Joubert syndrome)'을 타고난 것이다.

---

* shatter : 산산조각 내다, 부수다
A failure would shatter the hopes of many people.
(실패하면 많은 사람들의 희망이 산산조각 날 것이다.)

* gush : 쏟아내다, 솟구치다
The mouth of the fool gushes folly. (어리석은 사람의 입은 어리석은 말만 쏟아낸다.)

* smash : 힘껏 치다, 깨부수다
We had to smash the door open. (우리는 그 문을 깨부수고 열어야 했다.)

주버트 증후군에 시달리는 사람은 균형, 행동 조절 뇌 부위가 제대로 발육하지 않아(fail to develop properly) 눈이 안 보이고, 말도 못하고, 자기 행동도 제어하지 못한다. 주먹으로 자기 얼굴을 쥐어박고(pound his fist into his face), 아무 데나 다리를 찧어댄다. 그러고 싶어 그러는 게 아니다. 뇌가 통제하지 못하는 몸이 제멋대로 움직인다.

'왜?'를 물리적으로 모두 설명할 수 있다고 가르치던 선생님은 난생처음 하나님에게 '왜?'냐고 따져 물었다고 한다.

"당신 뜻이라면 나를 괴롭힐(pick on me) 것이지, 왜 아무 잘못 없는 내 아들(my totally innocent son)에게 이 고통을 주시는 겁니까. 왜?"

"이 우주를 당신이 만들었다는 게 맞기는 맞느냐"고 대들었다. 그러던 어느 날, 딸이 인형놀이를 하는데 아들이 인형을 움켜쥐는 모습을 보게 됐다. 아무런 감각도 지능도 없는 줄 알았는데, 아들에게도 보이는 게 있고 내면의 삶이 있다는(have an inner life) 것을 깨달았다. 그날 이후 수화를 가르치기(teach him sign language) 시작했고, 얼마 후 아들이 수화로 '아빠, 사랑해'라고 하더라는 것이었다. 아들은 1년 넘기기 힘들다고 했는데 13년 넘게 살고 있다. 선생님이 수업이 끝나자마자 부리나케 퇴근했던 것은 아들 밥 먹이고 대소변 받아줘야 하기 때문이었다고 했다.

선생님은 학기 마지막 수업이 끝나기 전 이렇게 묻는다.

"물리 법칙(laws of physics)으로도 설명이 안 되고, 공식에 대입해도 답이 나오지 않는 것이 있으니, 그건 뭘까요."

학생들은 웃음기 대신 눈물이 그렁그렁한 눈(eyes brimming with tears instead of smile)으로 하나같이 대답한다. "사랑이요."

Idioms & Synonyms 관용구 & 동의어

- be well known for : ~로 잘 알려져 있다, 명성이 높다
  - India is well known for curry. (인도는 카레로 유명하다.)
  - » 동의어 : be renowned for, be famous for
  - This country is renowned for its various natural resources. (이 나라는 다양한 천연자원으로 유명하다.)
  - This city used to be famous for its coal mines in the past. (이 도시는 과거에 탄광으로 유명했었다.)

- laugh one's head off : 자지러지게 웃다, 박장대소하다
  - The story was so funny that I laughed my head off. (그 이야기가 너무 웃겨서 나는 자지러지게 웃었다.)

- all of a sudden : 갑자기, 난데없이, 불현듯
  - All of a sudden everything changed. (갑자기 모든 것이 변해버렸다.)
  - » 동의어 : all at once, out of the blue
  - All at once, it began to rain. (별안간 비가 오기 시작했다.)
  - The decision came out of the blue. (그 결정은 갑자기 내려졌다.)

- pick on : ~을 괴롭히다
  - His brother used to pick on him. (그의 형은 걸핏하면 그를 괴롭히곤 했다.)

- brim with : ~로 가득 차다
  - Her eyes brimmed with tears and she broke down. (그녀의 눈이 눈물로 가득 차더니, 그녀는 끝내 울음을 터뜨렸다.)
  - » 동의어 : be filled with
  - I hope the new year will be filled with happiness and joy. (새해가 행복과 기쁨으로 가득하기를 바랍니다.)

A couple on their wedding anniversary and a waiter
결혼기념일을 맞은 어느 부부와 웨이터

미국에서는 식당에서 계산할(pay the bill) 때 점심은 15퍼센트, 저녁은 20퍼센트 정도 팁을 놓고 나오는 것이 에티켓이다. 서빙 하느라 애써준(give themselves trouble) 종업원에 대한 고마움의 표시(a token of thanks)다. 그런데 영 마음에 안 들면 보란 듯이 1센트짜리를 엎어놓고 나오기도 한다.

아이오와 주에 사는 스티븐 슐츠 부부는 결혼 6주년 기념 외식을 하러(dine out to celebrate their sixth wedding anniversary) 한 레스토랑에 갔다. 그리고 식사비를 계산하면서(pay for the meal) 100달러의 팁을 두고 나왔다. 음식값의 150퍼센트가 넘는 팁이었다. 웨이터가 결혼기념일 분위기를 한껏 띄워주었기(liven up the mood to the skies) 때문이 아니었다.

물 좀 달라고 했더니 웨이터는 20분 후에야 가져왔다. 전채(前菜) 요리는 40분 후에나 가져다줬다. 주요리(main dish)는 한 시간도 더 지나서야 놓

---

* token : 표시, 징표
A four-leaf clover is a token of good luck. (네잎 클로버는 행운의 상징이다.)

고 갔다.

부부의 테이블만 그런 게 아니었다. 손님들 모두 서비스가 엉망이라고 욕을 하며 레스토랑을 비웃어댔다(swear and make fun of the restaurant). 어떤 손님은 불만에 차 나가버렸고(walk out in frustration), 자리가 나기를 기다리며 줄 서 있는(queue up waiting for a table) 사람들에게 "여기는 엉망이니 다른 데로 가라"고 말하고 가는 이도 있었다.

하지만 슐츠 씨 부부는 형편없는 서비스에도 불구하고(despite the poor service), 참아냈다(do not let it get the best of them). 그리고 웨이터가 못되게 굴어(misbehave himself) 그런 게 아니라 일손이 모자라(be short-staffed) 음식이 늦게 나올 수밖에 없었다는 것을 알게 됐다. 웨이터 한 명이 홀로 12개 테이블 손님들 시중을 들고(wait on customers at 12 tables on his own) 있었다.

---

* swear : 욕을 하다
  Don't swear in front of the children. (아이들 앞에서 욕을 하지 마라.)

* queue : 줄, 줄을 서다, 늘어서다
  You have to queue up at the bus stop. (버스 정류장에선 줄을 서서 기다려야 한다.)

* misbehave : 못된 짓을 하다, 비행을 저지르다
  People tend to misbehave after having alcohol.
  (사람들은 술을 마신 뒤에 잘못 행동하는 경향이 있다.)

미친 듯이 뛰어다니며(run around like crazy) 서빙을 하는데, 혼자 감당하기에는(handle alone) 버거웠다. 그런 와중에도 그 웨이터는 어느 테이블에서도 짜증 난 듯 행동하지(act annoyed with any table) 않았다. 연신 "기다리시게 해 죄송하다"며 이리 뛰고 저리 뛰었다(run back and forth).

부부는 영수증 귀퉁이에 메모 하나를 남겼다(leave a note on the edge of the receipt).

"우리도 당신 입장이었던(be in your shoes) 적이 있었답니다."

그랬다. 부부는 한 레스토랑에서 아르바이트를 하다 만나 결혼까지 하게 됐다. 그래서 누구보다 그의 입장을 잘 이해할 수 있었다. 부부는 이 사연을 페이스북에 올렸다. 팁을 100달러나 줬다고 칭찬받으려는(receive a pat on the back) 것이 아니었다. 누군가에 대한 판단을 내리기 전에 그의 입장을 생각해보자고 상기시키는 사연으로 공유하고(share it as a reminder to think of the entire situation) 싶어서였다.

'누군가의 입장이 되어보다'를 'be in somebody's shoes'라고 한다. '누군가의 신발을 신어본다'는 것인데, '다른 사람 신발을 신고 1마일을 가보지 않고는 그 사람을 이해하지 못한다'는 속담(an old saying)이 있다. 다른 사람 신발을 신어봐서(put yourself in others' shoes) 당신 발이 아프면 그 사람 발은 진작부터 아팠을 것이다.

---

* reminder : 상기시키는 것, 독촉장
  Her face was a poignant reminder of the passing of time.
  (그녀의 얼굴은 세월의 흐름을 가슴 아프게 상기시켜 주었다.)

Idioms & Synonyms 관용구 & 동의어

- give oneself trouble : 수고하다, 애쓰다
  - Thank you for giving yourself trouble. (애써주셔서 감사합니다.)

- liven up : 활기를 불어넣다, 분위기를 띄우다
  - They played a game to liven up a dinner party.
    (그들은 저녁 파티의 활기를 북돋우기 위해 게임을 했다.)
  - » 동의어 : brighten up
  - His presence will brighten up the party. (그의 참석은 파티 분위기를 띄우게 될 것이다.)

- make fun of : 놀리다, 비웃다
  - You shouldn't make fun of the handicapped. (장애우들을 놀리면 안 된다.)
  - » 동의어 : make a fool of, poke fun at, pull one's leg
  - I didn't mean to make a fool of you. (너를 놀릴 생각은 없었다.)
  - This novel pokes fun at the upper class. (이 소설은 상류층을 조롱하는 내용이다.)
  - I don't believe you, so stop pulling my leg.
    (나는 당신을 믿지 않는다. 그러니까 이제 나를 그만 놀리시지.)

- get the best of : ~을 이기다, 능가하다, 가장 잘 이용하다
  - You'll never get the best of me. (너는 나를 절대 이기지 못할 것이다.)
  - » 동의어 : get the better of
  - No one can get the better of her in an argument. (논쟁에서는 누구도 그녀를 이기지 못한다.)

- receive a pat on the back : 칭찬을 받다
  - He received a pat on the back for all his hard work. (그는 열심히 일을 해서 칭찬을 받았다.)

Couple Leaves Waiter a $100 Tip for Bad Service: Read Their Message and Facebook Post

Hundred dollar bill! Married couple Makenzie and Steven Schultz celebrated their sixth wedding anniversary at Kazoku sushi restaurant in Cedar Rapids, Iowa, but their love story is not what's making headlines. The couple left their waiter a $100 tip, even after receiving poor service, and their Facebook post explaining why has gone viral.

Makenzie wrote about her experience on Saturday, Sept. 27, sharing a photo of the receipt. "So here's the deal. Our service tonight sucked," she wrote.
"Took 20 minutes to get water, 40 minutes for an appetizer and over an hour for our entree. People all around us were making fun of the restaurant & how bad the service was. Yeah, it was pretty terrible."

Makenzie explained that the problem, though, was not the waiter. "It was very obvious that the issue was being short staffed, not the server. He was running around like crazy and never acted annoyed with any table," she continued. "At one point we counted he had 12 tables plus the bar. More than any one person could handle! As I sat there and watched him run back & forth and apologize for the wait, I said to Steven… 'Wow, this used to be us.' Waiting tables. I don't miss it at all and I never loved that job. I did it for the tips."

She and her husband deliberated and decided to pay it forward to their hardworking server. "Steven and I agreed it would feel good to make this guys night when he would probably be getting minimal to no tips due to slow service," she wrote. The couple left a $100 tip for a $66.65 meal, and even wrote a sweet message for their server Kyle H: "We've both been in your shoes. Paying it forward."

Since the heartwarming photo of the receipt was posted, the update has received over 190,000 plus shares and 1.5 million likes. "We walked out before he saw this and I'm not posting this for a pat on the back," she concluded. "I'm just sharing this as a friendly reminder to think of the entire situation, before you judge. And always always always remember where you came from. — with Steven Schultz."

Speaking with the Today show on Tuesday, Sept. 30, Makenzie said: "No matter how much you apologize to tables, there are going to be people rolling their eyes," she recalled of being a server herself. "Throughout the dinner we were like, 'We've been in his position.'"

_《Us Weekly》, September 30, 2014

Joke & Riddle 유머 & 수수께끼

- 돈은 나무에서 열리는(grow on trees) 것이 아니라고들 말한다.
  그런데 왜 은행들은 그리 많은 branch(나뭇가지, 지점)들을 갖고 있는 것일까?

- 목은 있는데 머리는 없는(have a neck but no head) 것은?

Answer = bottle(병)

Elephants' virtue in a battlefield
전장(戰場) 속 코끼리들의 미덕

이스라엘과 팔레스타인이 보복 공격과 무차별적 살육을 거듭하면서(go on to commit retaliatory attacks and indiscriminate slaughters) 어린이 희생자들이 속출한 가운데 가슴 짠한 장면(a heart-wrenching scene)이 목격됐다. 그 감동적 순간(the touching moment)의 주인공은 사람이 아니라 '짐승'이었다.

이스라엘 텔아비브의 한 동물원. 갑자기 공습경보 사이렌(an air-raid siren)이 울리기 시작했다. 로켓 공격을 알리는 왱왱 소리(a whirring

---

* retaliatory : 보복적인, 앙갚음의
  The bombing provoked retaliatory attacks. (그 폭격은 보복 공격을 유발했다.)

* indiscriminate : 무분별한, 무차별적인
  Doctors have been criticized for their indiscriminate use of antibiotics.
  (의사들은 항생제를 무분별하게 사용한다는 비판을 받아왔다.)

* heart-wrenching : 가슴 아픈, 고통스러운
  It was a heart-wrenching love story. (그것은 가슴 아픈 러브 스토리였다.)

signaling rocket attack)였다. 그 순간 코끼리 한 마리가 격하게 울부짖는 신호를 보냈다(let off an aggressive trumpet call).

그러자 나이 든 코끼리들이 곳곳에서 모여들었다(flock from all quarters). 무리를 짓더니(group together) 두 마리의 작은 새끼들 주변을 둘러쌌다(circle around two tiny calves). 어린 것들을 안전하게 보호하기 위해(in an attempt to keep their young from harm) 자신들의 몸으로 방벽을 만든(set up a barrier with their bodies) 것이었다. 어른 코끼리 무리는 사이렌이 멈춘 후에도 한동안 그대로 있다가(remain still quite a while) 주위가 조용해지자 그제야 원래 있던 곳으로 돌아갔다.

이 코끼리들이 사이렌의 의미를 이해하고 움직였을 리는 없다. 뭔가 이상하다는 느낌에 본능적으로 모였고(gather together), 다른 무엇보다 어린 것들을 보호하려(protect their little ones more than anything else) 했던 것이다. 이 같은 모습은 한 관람객이 휴대폰으로 찍어 인터넷에 올리면서(upload it on the internet) 화제가 됐다.

코끼리는 지구상에서 가장 큰 육상동물(the largest land animal on the planet)이지만 포식동물의 먹잇감이 되기(fall prey to predators) 때문에 서

---

* flock : 모이다, 떼 지어 가다
A massive number of people flocked to the beach. (엄청난 인파가 해변에 몰려들었다.)

로 돕는 본능이 강하다. 울부짖기, 꼬리 흔들기, 발 구르기, 귀 펄럭이기(trumpeting, tail swinging, stomping, ear flapping) 등의 소통 수단이 발달돼 있다. 기억력도 좋다(have a good memory). 그래서 'be like an elephant'는 '기억력이 매우 좋다'는 표현으로 쓰인다. 수명이 70세 정도인 코끼리는 수십 년 떨어져 있다 만나도 서로를 기억한다.

무리 중 한 마리가 죽으면 사체가 썩을 때까지(until the carcass decomposes) 옆을 지킨다. 다른 동물들이 죽은 동료의 살을 뜯어 먹지(gnaw the flesh of the deceased colleague) 못하게 하기 위해서다. 일종의 장례의식(a sort of funeral rituals)이다.

2012년 3월 야생 코끼리 보호에 평생을 바친 남아프리카공화국의 환경보호운동가 로렌스 앤서니 씨가 사망했을 때는 어떻게 알았는지 숲 속 코끼리들이 두 무리를 이뤄 집 근처로 찾아와 이틀 동안이나 머물러 사람들을 놀라게 했다.

코끼리는 엄청난 덩치와 힘을 가졌지만 땅콩을 부수지 않고 땅콩 껍질을 깔 만큼 섬세하다. 짐승 중 유일하게 해를 끼치지 않아 '자연의 가장 위대한 걸작(nature's greatest masterpiece)' 소리를 듣는다. 피비린내 나는 분쟁 속에 전해진 코끼리 소식은 그래서 더욱 각별했다.

---

* gnaw : 갉아 먹다, 물어뜯다
The dog was gnawing a bone. (그 개는 뼈다귀를 물어뜯고 있었다.)

Idioms & Synonyms 관용구 & 동의어

- in an attempt to : ~하기 위하여, ~하려는 시도로
  - They spread tales about her in an attempt to devalue her work.
    (그들은 그녀가 한 일을 깎아내리려고 그녀에 대한 험담을 퍼뜨리고 있다.)

  » 동의어 : in a bid to, in order to
  - Rescuers injected oxygen in the pit in a bid to buy time to save the miners.
    (구조대원들은 광부들을 구조할 시간을 벌기 위해 갱내에 산소를 주입했다.)
  - He lived within himself in order to succeed. (그는 성공하기 위하여 자기 일에만 몰두했다.)

- set up a barrier : 장벽을 세우다, 방벽을 쌓다
  - He sets up a barrier between himself and neighbors and keeps himself to himself.
    (그는 이웃과 사이에 장벽을 쌓고 홀로 지낸다.)

- remain still : 가만히 있다, 잠자코 있다
  - Without an outside force, the object will remain still.
    (외부의 힘이 가해지지 않으면 그 물체는 그대로 가만히 있을 것이다.)

- gather together : 모이다, 집합하다
  - They gathered together and cheered for the Korean soccer team.
    (그들은 함께 모여 한국 축구팀을 응원했다.)

- fall prey to : ~의 희생물이 되다, 먹이가 되다, ~에 빠지다, 당하다
  - The number of people falling prey to cyber crimes is increasing very rapidly.
    (사이버 범죄의 희생물이 되는 사람들 숫자가 급속히 늘어가고 있다.)

A world travel with her dead father

돌아가신 아빠와 함께한 세계여행

미국 뉴욕 시에 사는 지나 양(Jinna Yang) 씨는 한국인 1.5세다. 세탁소 집 딸인 양 씨는 사랑했던 '남자'와 몇 년 전 처음이자 마지막 여행을 했다. 그녀와 함께 여행을 떠난 사람은 이 년 전에 위암으로 돌아가신(die of stomach cancer) 아빠다. 그의 실제 크기 사진 판지(a life-size cardboard cutout of her dad)가 아빠 자리를 대신했다.

아빠 양재권 씨는 미국프로골프(PGA) 투어 출전 자격을 따냈지만 당장의 생계를 꾸리기 위해(in a bid to earn a livelihood) 세탁소를 차렸다(open a laundry). 아빠는 세계여행 해보는(travel around the world) 게 꿈이라고 하더니, 플로리다에도 가보지 못한 채 세상을 떠났다(pass away). 딸은 그런 사연을 자신의 인스타그램에 올렸다.

---

* life-size : 실물 크기의
  They made a life-size bronze statue. (그들은 실물 크기의 동상을 제작했다.)

"내 이름은 지나입니다. 곁에서 보기에(from the outside looking in) 나는 모든 것을 갖고 있는(have it all) 듯합니다. 좋은 직장, 고급 아파트(a luxury apartment), 셀 수 없이 많은 구두로 넘쳐나는 벽장(an overflowing closet with countless shoes), 적어도 일주일에 닷새 저녁은 외식을 할 수 있는 넉넉한 가처분소득(enough disposable income to eat out at least 5 nights per week)……. 내 또래나 나보다 나이가 더 많은 사람 대부분보다 더 많은 돈을 법니다(make more money than most people my age or older than me).

그런데 우리 가족의 바위처럼 든든했던 그분(the rock of my family)이 곁을 떠나고 나니 삶의 의지를 잃게(lose the will to live) 되더군요. 아침에 일어날 때마다 절망감만 느껴졌습니다(wake up in the morning only to feel hopeless). 탈모가 생겨(develop alopecia) 급속도로 머리가 빠졌습니다(lose my hair at an alarming rate).

---

* countless : 무수한, 셀 수 없이 많은
  He warned her countless times. (그는 수도 없이 경고를 했었다.)

* disposal : 처리, 처분
  The country doesn't have a reliable system of toxic waste disposal.
  (그 나라는 믿을 만한 유독성 폐기물 처리 시설을 갖고 있지 않다.)

하지만 끔찍한 직장 환경(horrible work environment)은 아빠의 죽음을 슬퍼할 겨를조차 주지 않았습니다. 평생 가족을 위해 희생했던(sacrifice his entire life for his family) 내 아빠인데도 말입니다.

어느 날 아침, 내 인생의 고삐를 되찾아야겠다는(take back control of my life) 생각을 하게 됐습니다. 아무 대안 없이 사표를 냈습니다(hand in my resignation with no plan B). 그리고 아빠가 가보고 싶어 했던 곳 중 하나인 아이슬란드로 가는 비행기 표를 끊었습니다. 프랑스 에펠탑에도, 이탈리아 피사의 사탑에도 갔습니다. 세계에서 가장 상징적인 명소들 앞에서(in front of some of the world's most iconic tourist attractions) 아빠의 실제 크기 사진을 옆에 세우고 나란히 사진을 찍었습니다. 이승의 몸으로 거기 계신(be there in the flesh) 건 아니었지만, 아빠의 마음을 꼭 껴안고 찍었습니다.

지나가던 사람들이 "유명한 사람이냐"고 묻더군요. "나의 아빠"라고 했습니다. 처음엔 놀라고, 나중엔 웃더군요. 그런데 그 미소들이 참 따뜻했습니다. 그때 느꼈습니다. 나는 성공만 좇아 행복을 희생했는데(chase success and sacrifice happiness), 알고 보니 성공은 행복이 있는 곳에 살고 있더라는(success lives where happiness lies) 것입니다.

---

* resign : 사임하다, 물러나다
He resigned as president of the company. (그는 사장직에서 사임했다.)

* chase : 뒤쫓다, 추구하다
He chased after the burglar but couldn't catch him. (그는 도둑 뒤를 쫓아갔지만 잡지 못했다.)

Idioms & Synonyms 관용구 & 동의어

- in a bid to : ~을 하기 위해, ~할 목적으로
  - In a bid to cut costs, many firms have introduced incentives for early retirement. (경비를 절감하기 위해 많은 회사들이 조기 퇴직 인센티브를 도입했다.)
  - » 동의어 : in order to, for the purpose of
  - He faked his past in order to secure the job. (그는 그 일자리를 잡으려고 과거를 속였다.)
  - I got a loan for the purpose of buying a car. (나는 차를 사기 위해 대출을 받았다.)

- pass away : 사망하다, 세상을 떠나다
  - The patient may pass away at any moment. (그 환자는 언제든 사망할 수 있다.)
  - » 동의어 : die, depart this life, breathe one's last
  - He died of liver cancer. (그는 간암으로 사망했다.)
  - She departed this life at the age of 80. (그녀는 80세를 일기로 타계했다.)
  - My friend's father breathed his last this morning. (내 친구의 아버지는 오늘 아침 유명을 달리하셨다.)

- have it all : 모든 것을 한꺼번에 갖다
  - We just can't have it all (우리는 모든 것을 다 가질 수는 없다)

- lose the will to : ~할 의지를 잃다, 의욕을 상실하다
  - He lost the will to live after having gone bankrupt. (그는 파산을 한 뒤 삶의 의지를 잃어버렸다.)

- hand in one's resignation : 사표를 내다, 사직서를 제출하다
  - I imagined walking into the office and handing in my resignation. (나는 사무실 안으로 걸어 들어가 사표를 내는 상상을 해봤다.)
  - » 동의어 : submit a letter of resignation
  - She didn't submit a letter of resignation, but she verbally informed the boss of her intentions. (그녀는 사직서를 제출하지는 않았지만, 구두로 사장에게 사직하겠다는 뜻을 밝혔다.)

Grieving daughter travels the globe with a cardboard cutout of her dead father to take 'him' to the places he always wanted to visit

A daughter devastated by the loss of her father to cancer went on a trek through Europe carrying a cardboard cutout of him everywhere she went in a bid to take him to all the countries he hoped to visit.

She is now sharing the pictures online in hopes of spurring others on to follow their dreams and aspirations.

Two years ago, Jinna Yang's father passed away from stomach cancer. In postings on her blog.

Yang, 25, lamented that in exchange for providing 'bread and butter' for herself and her family, her father had shortchanged himself out of doing the things that he wanted to do, like play PGA golf.

She recalled how he persevered working in his dry cleaning store in North Virginia despite his illness and maintained his determined, upbeat demeanor until the end.

To handle her sorrow, Yang worked even harder in her corporate New York City job.

'From the outside looking in, I seemed to have it all' she wrote on her blog.

However, she wrote, 'What people didn't see was the toll the combination of life events took on every inch of my body, heart, mind, and soul.'

When the stress she was under with her father's passing and her grueling job responsibilities grew to a fever pitch, Yang dropped everything and did something drastic.
She bought a one-way ticket to Iceland, and brought with her a cardboard cutout of her late father.
'My father never had the chance to travel the world' she wrote. 'He sacrificed his entire life for others – his parents, his children, his wife, his family and his friends.'

To honor his memory and come to peace with herself, Yang brought her father with her as she traveled across Europe. She put the pictures on her Instagram.

_《Daily Mail》, June 16, 2014

Joke & Riddle 유머 & 수수께끼

- "어젯밤에 내가 보낸 문자들에 대해 매우 미안하게 생각한다(feel very sorry about them). 내 휴대폰이 취해 있다는(be drunk) 걸 몰랐어."

- 당신이 해수욕을 하고 있는데(swim in the ocean) 굶주린 상어 떼(a bunch of hungry sharks)가 당신을 둘러쌌다고(surround you) 상상해보라. 어떻게 살아 나올(get out alive) 수 있을까.

Answer = Stop imagining(상상을 중단한다)

An astonishing coincidence
놀라운 우연

미국 캘리포니아에 사는 짐 애플렉 씨는 은퇴한 산부인과 의사(a retired obstetrician)다. 1995년 서터메모리얼병원에서 은퇴할 때까지 33년간 3500여 명의 아기 출산을 도왔다. 1937년 개원한 병원에서 35만 명 가까운 아기들이 태어났으니, 그중 약 일 퍼센트는 그가 받아낸(deliver about 1% of the babies) 셈이다.

은퇴한 지 이십 년이 넘었지만, 갑자기 진통이 시작돼(suddenly begin to have labor pains) 산기(産氣)가 있는(go into labor) 임신부 때문에 한밤중에 일어나 병원으로 달려가는(get up in the middle of night to rush to the hospital)

---

* obstetrician : 산부인과 의사
Geriatricians and obstetricians are trained in and work in very different ways.
(노인병 전문의와 산부인과 전문의는 매우 다른 방식으로 훈련을 받고 일을 한다.)

* labor pain : 분만 통증
There are many ways to relax and stay in control of labor pain.
(분만 통증을 완화하고 제어하는 데는 여러 가지 방법들이 있다.)

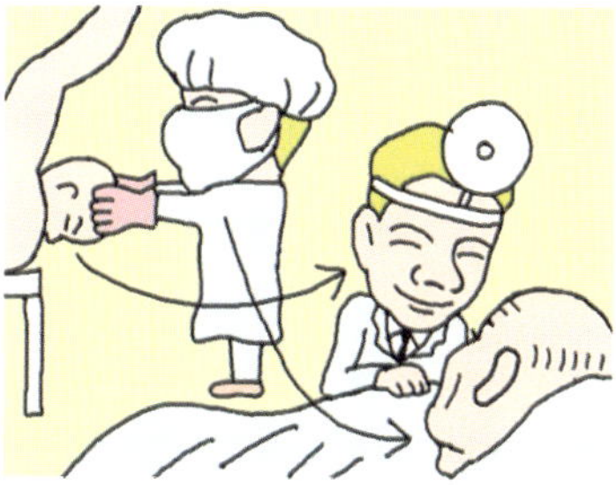

꿈을 아직도 꾼다고 한다.

얼마 전 여든 중반을 넘긴 그는 큰 수술을 받았다(undergo a big surgical operation). 대동맥판막을 교체해주지(replace his aortic valve) 않으면 기껏해야 1~2년밖에 살 수 없다고(have at most one to two years to live) 했다. 작은 인공판막을 사타구니 동맥으로 삽입해(insert a tiny prosthetic valve through an artery in the groin) 대동맥에 자리 잡게 하는 수술이었다.

흉강(胸腔)을 절개하는(open up the chest cavity) 위험한 수술(a risky procedure)을 피하기 위한 첨단 외과요법(a cutting-edge surgical treatment), 이어서 임상 경험이 풍부한(have a wide range of clinical experiences) 의사를 필요로 했다. 50대 때 심장우회수술을 받은(go through a heart bypass surgery) 적이 있어 더욱 조심스러웠다. 다행히 자신이 근무했던 병원의 심장외과 의사(a heart surgeon)가 수술을 맡아주기로 했고, 성공적으로 끝났

---

* replace : 대신하다, 교체하다
  He will replace you in export services. (그가 당신을 대신해 수출업무를 맡게 될 것이다.)

* cavity : 구멍, 빈 부분
  The explosion left a cavity in the ground. (폭발로 인해 땅에 큰 구멍이 생겼다.)

* go through : 겪다, 당하다
  You'll have to go through many hardships in your lives.
  (여러분은 살면서 많은 고난을 겪게 될 것이다.)

다(come to a successful close).

그런데 그 후배 의사가 그와 각별한 인연이 있다는(have a particular connection) 사연이 뒤늦게 알려졌다. 1969년 7월 7일 애플렉 씨가 이 세상에 태어나게 했던(bring into the world) 신생아가 바로 그 병원의 심장전문의로 성장해 일하고 있었던 것이다. 이 같은 사실은 수술을 집도한 바로 그 의사 로버트 킨케이드 박사에 의해 밝혀졌다. 수술 받을 환자가 자신이 태어나고 근무 중인 병원에서 삼십여 년간 산부인과 의사로 재직했던 분이라는 얘기를 듣고 혹시나 해서(just to be sure) 확인해봤다.

어머니께 여쭤보았더니, 어머니는 이름을 기억하고 계셨다. 자신의 출생증명서를 찾아내(dig up his birth certificate) 확인해보니 거기에도 짐 애플렉의 사인이 희미하게 남아 있었다. 45년 전에 자신을 도와준 분을 거꾸로 도와드리게 됐다는 사실에 기분이 묘했다(feel strange). 로버트 킨케이드 박사는 자신에게 세상 빛을 처음 보여준 분에게 이 세상 빛을 더 오래 보실 수 있게 생명을 구하는 수술을 해드린다는(perform a life-saving operation on him) 사실에 감회가 깊었다(be deeply moved).

건강을 되찾아 해외여행도 다니고 있는 애플렉 씨는 "새 생명으로 태어난 기분"이라며 "내가 도와서 태어난 아기가 내게 제2의 인생을 살 기회를 줬다. 세상만사 돌고 돈다(come full circle) 하더니 이렇게 될 줄 누가 알았겠느냐"며 마냥 흐뭇해하고(hug himself on it) 있다고 한다.

Idioms & Synonyms 관용구 & 동의어

• at most : 많아 봐야, 기껏해야

- It will take you a day at most to finish the work. (그 일은 기껏해야 하루면 끝낼 수 있다.)

» 동의어 : at best

- She'd be able to live one more year at best. (그녀는 기껏해야 일 년 더 살 수 있을 것이다.)

• a range of : 다양한

- They sell a range of furnishings and accessories for the home.
(그들은 다양한 가정용 세간 집기와 부대 용품들을 판매한다.)

• dig up : 찾아내다, 알아내다

- Paparazzi try to dig up the intimate life of Celebrities.
(파파라치들은 유명인들의 은밀한 사생활을 캐내기 위해 애를 쓴다.)

• come full circle : 다시 원점으로 돌아오다

- The employer's power was reduced by the unions at one point, but now everything has come full circle. (노조에 의해 한때 고용주 측의 힘이 약화됐었으나, 지금은 다시 원점으로 돌아갔다.)

• hug oneself on : ~을 기뻐하다

- He hugs himself on the result. (그는 결과에 기뻐하고 있다.)

Live to the point of tears
눈물이 나도록 살아라

두 아이의 엄마 샬롯 키틀리 씨(영국)가 서른여섯에 세상을 떠났다(depart this life). 그녀는 대장암 4기 진단을 받았다(be diagnosed with stage four bowel cancer). 간과 폐로 전이됐다고(spread to her liver and lungs) 했다. 대장과 간의 종양을 제거하기(get rid of tumors from her bowel and liver) 위해 두 번 수술을 받았다. 스물다섯 차례의 방사선 치료, 서른아홉 번의 끔찍한 화학요법 치료(25 rounds of radiotherapy and 39 bouts of gruelling

---

* spread : (암 등 질병이) 전이되다
  The cancer has not spread beyond the pancreas. (암이 췌장 너머로 전이되지 않았다.)
* bout : ~ (of sth/of doing sth) 한바탕, 한차례
  If you have a bout of an illness or of an unpleasant feeling, you cannot but remember it for a while. (한차례 아프거나 좋지 않은 느낌을 겪고 나면 한동안 그것을 기억할 수밖에 없게 된다.)
* gruelling : 대단히 힘든
  After the gruelling test, he felt totally spent. (그 호된 테스트를 거치고 난 그는 완전히 녹초가 된 느낌이었다.)

chemotherapy)도 견뎌냈다. 하지만, 세상은 끝내 그녀를 놓아주지 않았다. 다음은 그녀가 마지막으로 남긴 블로그 내용이다.

「살고 싶은 나날이 저리 많은데, 저한테는 허락하지 않네요. 내 아이들 커가는 모습도 보고 싶고, 남편에게 못된 마누라도 되면서(become grumpy with my husband) 늙어보고 싶은데, 그럴 시간을 안 주네요. 살아보니 그렇더라고요. 매일 아침 아이들에게 일어나라고, 서두르라고, 이 닦으라고 소리소리 지르는(shout at my children to wake up, hurry up and clean their teeth) 나날이 행복이었더군요.

살고 싶어서, 해보라는 온갖 치료 다 받아봤어요. 기본적 의학요법은 물론(not to mention the standard medical therapies), 기름에 절인 치즈도 먹어보고, 쓰디쓴 즙도 마셔봤습니다. 침도 맞았지요(get acupuncture). 그런데 그게 다가 아니더라고요. 귀한 시간 낭비라는 생각이 들었어요(feel like a waste of precious time). 장례식 문제를 미리 처리해놓고 나니(sort out my funeral in advance) 매일 아침 일어나 내 새끼들 껴안아주고 뽀뽀해줄 수 있다는(give a cuddle and kiss my babies) 게 새삼 너무 감사하게 느껴졌어요. 얼마 후 나는 그이의 곁에서 잠을 깨는(awake next to him) 기쁨을 잃게 될

---

* grumpy : 성격이 나쁜, 심술부리는, 짜증을 내는
I think being grumpy runs in the family. (짜증 부리는 건 그 집안 내력이야.)

것이고, 그이는 무심코 커피 잔 두 개를 꺼냈다가 한 잔만 타도 된다는 사실에 슬퍼하겠지요. 딸아이 머리 땋아줘야(plait her hair) 하는데, 아들이 잃어버린 레고 조각이 어디에 굴러 들어가 있는지는 저만 아는데 그건 누가 찾아줄까요.

6개월 시한부 판정을 받고(be given six months to live) 22개월 살았습니다. 그렇게 보너스로 일 년을 얻은 덕에 아들 초등학교 입학 첫날 학교에 데려다주는(walk my son for his first day at school) 기쁨은 품고 갈 수 있게 됐습니다. 녀석의 첫 번째 흔들거리던 이빨(his first wobbly tooth)이 빠져 그 기념으로 자전거를 사주러 갔을 때는 정말 행복했지요.

보너스 일 년 덕분에 30대 중반이 아니라 30대 후반까지 살고 가네요. 중년의 복부 비만(middle-age spread)이요? 늘어나는 허리둘레(expanding waistline)요? 그거 한번 가져봤으면 좋겠습니다. 희어지는 머리카락(greying hair)이요? 그거 한번 뽑아봤으면 좋겠습니다. 그만큼 살아남는다는 얘기잖아요. 저도 한번 늙어보고 싶어요.

부디 삶을 즐기면서 사세요. 두 손으로 삶을 꽉 붙드세요(keep a tight grip on your life with both hands). 이 세상에 남아 계실 여러분이 부럽습니다.

'눈물이 나도록 살아라(Live to the point of tears).' (알베르 카뮈, 프랑스 작가)

---

* wobbly : (불안정하게) 흔들리는, 기우뚱한
I was sitting on a wobbly plastic chair. (나는 흔들리는 플라스틱 의자에 앉아 있었다.)

Idioms & Synonyms 관용구 & 동의어

- be diagnosed with ~ : ~ 진단을 받다
  - She was diagnosed with breast cancer. (그녀는 유방암 진단을 받았다.)

- get rid of : 제거하다, 없애다
  - I have to get rid of some of those old books. (나는 이 헌책들 중 일부를 없애야 한다.)
  - » 동의어 : eliminate, remove, do away with, take (sb/sth) away
  - Let's eliminate the problem root and branch. (문제를 근본적으로 제거하자.)
  - Let's remove this year the stigma of the tailender. (올해엔 꼴찌 오명을 씻도록 하자.)
  - We should do away with nuclear weapons. (핵무기들은 폐기해야 한다.)
  - It helps take away pain in the fingers or knees. (그것은 손가락이나 무릎의 고통을 없애는 데 도움이 된다.)

- hurry up : 서둘다, 급히 하다, 재촉하다
  - Please hurry up. There's no time to lose. (서둘러요. 우물쭈물할 시간이 없어요.)
  - » 동의어 : rush, hasten
  - I don't want to rush it. (난 그것을 서두르고 싶지 않다.)
  - She saw his frown and hastened to explain. (그녀는 그의 찡그린 얼굴을 보고 서둘러 설명을 했다.)

- not to mention : ~은 말할 것도 없고(물론이고)
  - He's rich and not to mention, he's handsome, too. (그는 잘생긴 것은 말할 것도 없고 부자야.)
  - » 동의어 : not to speak of~, to say nothing of~
  - She can play the piano, not to speak of singing. (그녀는 노래는 물론이고 피아노도 칠 수 있다.)
  - It was too expensive, to say nothing of the time it wasted.
    (그것은 허비된 시간은 말할 것도 없고 비용이 너무 많이 들었다.)

- sort (sb/sth) out : ~을 정리하다, 처리하다
  - Wait till I get my hands on him—I'll soon sort him out!
    (내가 그자를 잡을 때까지 기다려. 그자를 곧 처리할 테니까!)

• give a cuddle : 껴안다, 얼싸안다

- It would have been nice to give him a cuddle and a kiss but there wasn't time.
  (그를 껴안고 입 맞췄으면 좋겠건만 시간이 없었다.)

» 동의어 : cuddle, hug, embrace, clasp

- Many children cuddle a teddy bear when they go to bed.
  (많은 어린이들은 잠을 잘 때 곰 인형을 껴안고 잔다.)
- They hugged each other. (그들은 서로 껴안았다.)
- They embraced and promised to keep in touch.
  (그들은 서로 껴안으며 계속 연락하기로 약속했다.)
- She clasped the children in her arms. (그녀는 두 팔로 아이들을 껴안았다.)

• next to ~ : ~ 옆에

- We sat next to each other. (우리는 서로 옆에 나란히 앉았다.)

• plait one's hair : ~의 머리를 땋다

- She plaited her daughter's hair. (그녀는 딸의 머리를 땋아줬다.)

» 동의어 : braid one's hair, do(put) up one's hair

- On the right side, gather hair and braid the hair loosely.
  (오른쪽은 머리를 묶고 느슨하게 머리를 땋아주세요.)
- The girl asked her mom to do(put) up her hair.
  (그녀는 엄마에게 머리를 땋아 올려달라고 부탁했다.)

• keep a tight(firm) grip on ~ : ~을 꽉 잡고 있다, ~을 완전히 장악하다

- We need to keep a tight grip on the situation. (우리는 상황을 계속해서 확실히 장악해야 한다.)

Mother, 36, who died of bowel cancer calls on others to 'please, please grab life and enjoy it' in her heartbreaking final blog viewed by millions

A mother-of-two who lost her life to bowel cancer has become an internet sensation after her heartbreaking last blog about her battle with the disease was viewed more than two million times.

Charlotte Kitley began to record her experiences after being diagnosed with stage four bowel cancer in 2012.

Since starting the blog last year, the 36-year-old from south west London had described going through various treatments and the impact of the disease on her life.

But it was her final blog, posted by her husband Richard on the day she died, that received the most overwhelming response.

The emotive goodbye message to her husband and their two children Lucy and Danny, has been viewed more than two million times, since last Tuesday.

In it, Mrs Kitley, wrote: 'As you read this, I will no longer be here.'

'Rich will be trying to put one foot in front of the other, to get by, a day at a time, knowing I will no longer awake next to him.'

'I have so much life I still want to live, but know I won't have that.'

'I want to be there for my friends as they move with their lives, see my children grow up and become old and grumpy with Rich.'

'All these things are to be denied of me.'
'But, they are not to be denied of you. So, in my absence, please, please, enjoy life.'
'Take it by both hands, grab it, shake it and believe in every second of it. Adore your children.'
'You have literally no idea how blessed you are to shout at them in the morning to hurry up and clean their teeth.'
'Embrace your loved one and if they cannot embrace you back, find someone who will. Everyone deserves to love and be loved in return. Don't settle for less.'

Her final words read: 'When you close your curtains tonight, look out for a star, it will be me, looking down, sipping a pina colada, enjoying a box of (very expensive) chocolates.'
'Good night, Good bye and God bless.'
'Charley xx'
Mrs Kitley began her blog, which featured on the Huffington Post, in 2013.
Since her death, her husband Richard said he has been overwhelmed by the level of support he has received.
He has now set up a Just Giving page in her memory, raising money for the charity Bowel Cancer UK.
Mrs Kitley was diagnosed two weeks after running a half marathon in October 2011 after complaining of back ache.

She wrote in her blog: 'I went to the doctor, but with no real explanation, it took another three months until I met with a back specialist.'
'As a matter of routine, he sent me for an MRI. Following a slight suspicion within my pelvis, I was then sent for an ultrasound and a CT scan.'
'The following day, the back specialist called to see me.'
'I don't remember much of the meeting, other than the words 'suspicious mass'.'
'I've since been told that given the location of the tumour, I wouldn't have experienced any of the usual signs, such as blood in my poo or stomach ache.'

'My tumour was compressing against my spine, hence my back pain.'
Further tests led specialists to diagnose Mrs Kitley with stage four bowel cancer, which spread to her liver following her diagnosis.
She faced two operations to remove tumours, the first from her bowel and the second from her liver. In addition, the mother-of-two faced 25 rounds of radiotherapy and 39 bouts of chemotherapy.
The treatment worked in clearing Mrs Kitley's bowel cancer but the number of tumours in her liver increased from three to five.
In November 2011, she was told the cancer had already spread to her lungs.

She said in her blog: 'I was told it was unlikely any further treatment would be effective and I had around six months to live.'
'It was time to get my affairs in order and spend time with my family.'
'I asked if I would make it to my daughter's fifth birthday and was told I would be lucky to get to her third.'
Twenty-two months after being given six months to live, Mrs Kitley passed away on September 16.
Deborah Alsina, chief executive of Bowel Cancer UK said: 'We are all completely devastated and saddened by Charlotte's death.'
'She was such an inspiration for other people with bowel cancer and through her beautifully crafted blog, created a big following among the online community.'
'While bowel cancer is thankfully relatively rare in younger people like Charlotte, around 2,100 people under 50 are still diagnosed with it each year, often late.'
'That's why we launched our Never Too Young campaign, to improve the diagnosis, treatment and care of younger bowel cancer patients and to raise awareness among younger people and health professionals. Early diagnosis really does save lives.'

_《Daily Mail》, September 22, 2014

The reason why a billionaire bulldozed out his home village

억만장자가 고향 마을을 불도저로 밀어버린 이유

중국 장시성(江西省)의 한 작은 마을, 초라한 판잣집(shanty hut) 72채가 전부인 이곳에 불도저가 들이닥쳤다. 불도저는 다닥다닥 붙어 있던(be closely spaced) 오두막들을 순식간에 밀어버렸다(bulldoze them down). 그리고 그 자리에 18동 72가구의 고급 빌라를 지어 올렸다(build luxury villas). 비포장 흙길엔 아스팔트를 깔았다(pave dirt roads with asphalt).

슝수이화(熊水華)라는 억만장자가 고향 마을 전체를 사들인 뒤 재개발한(redevelop the village) 것이다. 농구코트, 당구대, 탁구대, 도서실까지 갖췄다. 빌라 가구당 면적은 230제곱미터(약 70평). 판자촌을 헐고(tear down the shantytown) 고급 빌라촌으로 바꾸는 데 들어간 비용은 한국 돈으로 약 70억 원이었다. 그럼 재개발로 벌어들인 돈은 얼마나 될까. 입주자들은 얼마에 그 집을 샀을까.

---

* shanty : 판잣집
Wrecking crews descended on the shanty town. (판잣집촌에 철거반원들이 들이닥쳤다.)

입주자들은 의외로 공짜로 살고 있다. 평생 집세를 한 푼 내지 않아도 된다. 그 판자촌에서 태어나고 자란(be born and raised) 슝이 고향 주민 모두에게 그들 소유의 빌라를 한 채씩 지어준(give everyone in his native place a villa of their own) 것이다.

어린 시절 헐벗고 굶주릴(be ragged and starved) 때 자신들도 먹고 입을 것 없으면서 그와 그의 부모에게 나눠줬던 고향 사람들의 고마움을 잊지 못해서다. 지금은 돌아가시고 안 계시지만, 그가 돈 벌러 타지로 떠난 후에도 부모를 보살펴준(look after his parents) 이웃들이 더없이 고마웠다. 그래서 수십 년 만에 그들과 그 자손들(their offspring)에게 뒤늦게나마 은혜를 갚기로(repay them for their kindness) 한 것이다.

무일푼에서 거부가 된 억만장자(a rags-to-riches billionaire) 슝은 객지 생활을 하며 온갖 고생을 견디다가(endure all sorts of hardships living away from home) 건축업으로 맨 처음 돈을 벌기(make his money first of all in the construction industry) 시작했다. 이후 철강 교역에 발을 들이면서(get

---

* starve : 굶주리다
Tens of thousands of people starved to death. (수많은 사람들이 굶어죽었다.)

* offspring : 자식, 새끼
The couple's three offspring all live in different cities.
(그 부부의 세 자식은 모두 다른 도시에 살고 있다.)

involved in the steel trade) 큰 재산을 모아 자수성가 억만장자가 됐다(amass a fortune and become a self-made multimillionaire).

슝은 "여유가 생겨 정신을 추스르고 보니 가장 먼저 생각나는 것은 내 뿌리더라"고 했다. "그래서 어린 나와 내 가족을 도와줬던 그 뿌리에 아직 살고 계신 분들께 어떻게 은혜를 갚을까 하다가 편안히 사실 수 있는 집을 지어 드리게 된 것"이라고 했다.

나이 든 주민과 소득이 낮은 사람들(elderly residents and people on a low income)에겐 빌라촌 공동 식당에서 삼시 세끼를 무료로 준다(give them three meals a day for free). 과거의 자신처럼 끔찍한 굶주림의 고통을 겪지 않고 살아가게(get by on them) 해주고 싶었다고 한다.

마을 노인 치옹추 씨는 그의 부모를 기억하고 있다며 말한다.

"마음씨 곱고 인정이 많았지요(be good-hearted and kind-hearted). 없는 살림에도 다른 사람들을 참 많이도 챙겨줬어요(care so much for others). 물려준 재산은 한 푼도 없었는데 아들이 그 부모의 선량함과 사려 깊음을 상속받은(inherit his parents' goodness and thoughtfulness) 모양입니다."

---

* endure : 참다, 견디다, 인내하다
She had to endure three painful operations on her leg.
(그녀는 세 차례의 고통스러운 다리 수술을 참고 견디어야 했다.)

* amass : 모으다, 축적하다
He was said to have amassed great riches. (그는 막대한 재산을 모은 것으로 알려졌다.)

Idioms & Synonyms 관용구 & 동의어

- tear down : 허물다, 무너뜨리다
  - They will tear down the warehouse tonight. (그들은 그 창고를 오늘밤 철거할 예정이다.)
  - » 동의어 : pull down, knock down
  - The old theater was pulled down last night. (그 오래된 극장은 어젯밤 철거됐다.)
  - Construction workers were knocking down the wall. (인부들이 벽을 허물고 있었다.)

- make money : 돈을 벌다, 수익을 얻다
  - I grind at the job to make money. (나는 돈을 벌기 위해 열심히 일한다.)

- get involved in : ~에 관여하다, 말려들다
  - I don't want to get involved in it. (나는 그 문제에 관여하고 싶지 않다.)
  - » 동의어 : be entangled in, be embroiled in
  - Many different interests are entangled in this case. (이 문제에는 많은 이해관계가 얽혀 있다.)
  - The former President is embroiled in a scandal. (전직 대통령은 스캔들에 휘말려 있다.)

- get by on : ~로 그럭저럭 살아가다
  - He got by on unemployment compensation. (그는 실업 수당으로 그럭저럭 살아갔다.)

Millionaire Chinese businessman bulldozes run down huts in village where he grew up and builds luxury flats for residents instead… for free

A millionaire Chinese businessman has bulldozed the wooden huts and muddy roads where he grew up – and built luxury homes for the people who lived there.

Xiong Shuihua was born in Xiongkeng village in the city of Xinyu, southern China and said that his family had always been well looked after and supported by residents in his childhood.
So when the 54-year-old ended up making millions in the steel industry he decided to repay the favour – for free.

The business tycoon decided to return to the village and give everybody a place of their own to live.
Five years ago, the area was run down and many lived in basic homes.
But the area has been transformed in recent years and now 72 families are enjoying life in luxury new flats.
Meanwhile, 18 families, who were particularly kind to the businessman, were given villas of their own in a project costing close to £4million.
After moving in, he even promised three meals a day to the older residents and people on a low income to make sure they could get by.

The multimillionaire made his money first of all in the construction industry and later by getting involved in the steel trade.
He said: 'I earned more money than I knew what to do with, and I didn't want to forget my roots.'
'I always pay my debts, and wanted to make sure the people who helped me when I was younger and my family were paid back.'
Elderly local Qiong Chu, 75, said: 'I remember his parents. They were kind-hearted people who cared very much for others, and it's great that their son has inherited that kindness.'

_《we are change》, November 27, 2014

Joke & Riddle 유머 & 수수께끼

- 정치인과 기저귀의 공통점(something in common)은?
  둘 다 정기적으로 갈아줘야 한다는(be changed regularly) 것과 둘 다 똑같은 이유 때문에(for the same reason)에 그래야 한다는 것.

- 나는 당신의 눈에 눈물이 솟게 하고, 죽은 사람을 부활시키고(resurrect the dead), 당신을 웃게 하고, 시간을 되돌릴(reverse time) 수도 있다. 잠깐이면 만들어지지만, 일생 동안 지속되는(last a life time) 나는 무엇일까요?

Answer = memory(기억)

Farewell letter of a principal
교장 선생님의 작별 편지

영국의 한 초등학교 교장 선생님이 이번 학기를 끝으로 졸업하는 모든 6학년 학생에게 일일이 편지를 보냈다(send letters addressed directly to all the year six pupils themselves). 마지막으로 치른 단계별 교육과정 시험 성적 통지표를 보내면서 편지를 동봉했다(enclose a letter in Key Stage test results). 편지에 성적 부진에 대한 경고(a caveat for poor exam results) 따위는 쓰여 있지 않았다. 표준화된 시험과 집중 제어식 교육 현실에서 교사들의 역할을 대변하면서(champion the role of teachers over standardized testing and centralized controls over education) 학생들에게 시험 점수에만 연연하지(cling to the test scores) 말라고 격려해주는 내용이었다.

---

* enclose : 둘러싸다, 동봉하다
  All the sentences should be enclosed in brackets. (모든 문장들을 괄호로 묶어야 한다.)

* caveat : 통고, 경고
  They sent me a caveat. (그들은 나에게 한 가지 경고를 보내왔다.)

함께 보내는 시험 결과, 확인 해보기 바랍니다. 최선을 다해준(try your very best) 여러분을 대단히 자랑스럽게 생각합니다(be very proud of you). 시험은 여러분 각각을 특별하고 독특한 존재로 만드는(make each of you special and unique) 요소 하나하나를 평가하지 못합니다. 단계별 교육과정 시험을 출제하고(make questions for test) 채점하는 분들은 여러분을 일일이 알지 못합니다.

외국어를 몇 개 하는지, 악기를 연주하는지(play a musical instrument), 춤을 잘 추거나 그림을 잘 그리는지 모릅니다. 친구들이 좋아하고 의지하는 학생인지도, 웃음 하나로 가장 음울한 날까지 환하게 밝혀주는(brighten the dreariest day) 학생인지도 알지 못합니다. 시를 쓰거나 노래를 짓는(write poetry or songs) 데 뛰어나고, 방과 후 어린 동생들을 돌봐주는(take care of your little siblings after school) 착한 학생이라는 사실도 모릅니다.

또한 여러분이 착실하고 친절하며 배려심 많고(be trustworthy, kind and thoughtful), 가족·친구들과 함께 지내기를 좋아하는 다정다감한 학생(an

---

* brighten : 밝히다, 환해지다
  A smile brightened her face. (미소가 그녀의 얼굴을 환하게 만들었다.)

* sibling : 형제자매, 동기
  Her favorite sibling is her younger brother. (그녀가 가장 좋아하는 형제는 남동생이다.)

emotional pupil)이라는 것도 알지 못합니다. 최선을 다하기 위해 매일매일 노력하는(try to be your very best every day) 여러분의 모습도 시험 출제, 채점 위원들은 본 적이 없습니다.

여러분이 이번에 받은 시험 성적이 여러분에게 무언가를 말해줄(tell you something) 수는 있습니다. 하지만 모든 것을 말해주는(tell you everything) 것은 아닙니다. 그러니까 여러분이 받은 시험 성적은 그냥 즐기도록 하세요(just enjoy your test results). 다만 한 가지만 기억하세요. 훌륭해지는 데는 많은 길(many ways of being smart)이 있다는 것을.」

미국의 언론인이자 교수였던 노먼 커즌스는 "가장 훌륭한 선생님은 가장 많은 지식을 가진 사람이 아니라, 어느 학생에게나 배울 수 있는 능력이 있다는(have an ability to learn) 자신감을 갖게 해주는 선생님"이라고 했다.

'평범한 선생님(a mediocre teacher)은 말을 하고(tell), 좋은 선생님은 설명을 하며(explain), 뛰어난 선생님은 몸소 보여주고(demonstrate), 위대한 선생님은 영감을 준다(inspire).' (윌리엄 워드, 미국 작가)

---

* mediocre : 보통의, 평범한
I think it's a mediocre novel. (나는 그것이 그저 그런 평범한 소설이라고 생각한다.)

Idioms & Synonyms 관용구 & 동의어

- champion the role of : ~의 역할을 옹호하다, 대변하다
  - The President firmly championed the role of small businesses in the economy.
    (대통령은 경제에서 중소기업의 역할을 강력히 옹호했다.)

- cling to : ~을 고수하다, 매달리다, 달라붙다
  - Why do you cling to him? (너는 왜 그에게 그리 집착하니?)
  - » 동의어 : stick to, adhere to, cleave to
  - Most painters stick to their own style of painting. (화가들 대부분은 자신의 화풍을 고수한다.)
  - It is our wish to adhere to the existing rules. (기존 규칙들을 준수하는 것이 우리의 바람입니다.)
  - Many tend to cleave to the old ways of doing things.
    (많은 사람들이 일을 하는 데 있어 옛 방식을 고수하는 경향이 있다.)

- try one's best : 최선을 다하다, 전력을 다하다
  - One seldom tries one's best till one is forced to.
    (사람들은 다급해지지 않으면 열심히 하지 않는다.)
  - » 동의어 : do one's best, do one's utmost
  - Sometimes doing one's best is not good enough.
    (최선을 다하는 것만으로 충분하지 않을 때도 있다.)
  - You must do your utmost in whatever on undertakes. (어떤 일을 맡든 최선을 다해야 한다.)

- be proud of : ~을 자랑스러워하다, 자랑스럽게 여기다
  - Korean people have a lot to be proud of. (한국 사람들은 자랑스러워할 것이 많다.)

Barrowford school's KS2 'proud' letter to pupils goes viral

A letter sent to pupils at a Lancashire primary school along with their key stage two test results has gone viral on social media sites.

The letter to pupils at Barrowford Primary School in Nelson told them the tests do not always assess what makes them "special and unique".

It has been posted on Facebook, Twitter and featured in national newspapers.

Head teacher Rachel Tomlinson said she had been "absolutely astounded" by the reaction in social media and elsewhere.

Mrs Tomlinson said she found the letter on a blog from the US posted on the internet.

It tells pupils the school is "proud" of them as they have demonstrated a "huge amount of commitment and tried your best during a tricky week".

But it adds that "these tests do not always assess all of what it is that make each of you special and unique".

The people who drew up the tests, it says, "do not know each of you... the way your teachers do, the way I hope to, and certainly not the way your families do".

These people do not know "you can be trustworthy, kind or thoughtful, and that you try, every day, to be your very best", it continues.

The letter finishes by telling pupils to "enjoy your results" but to remember that "there are many ways of being smart".

Barrowford Primary School's letter in full

Please find enclosed your end of KS2 test results. We are very proud of you as you demonstrated huge amounts of commitment and tried your very best during this tricky week.

However, we are concerned that these tests do not always assess all of what it is that make each of you special and unique. The people who create these tests and score them do not know each of you... the way your teachers do, the way I hope to, and certainly not the way your families do.

They do not know that many of you speak two languages. They do not know that you can play a musical instrument or that you can dance or paint a picture.

They do not know that your friends count on you to be there for them or that your laughter can brighten the dreariest day. They do not know that you write poetry or songs, play or participate in sports, wonder about the future, or that sometimes you take care of your little brother or sister after school.

They do not know that you have travelled to a really neat place or that you know how to tell a great story or that you really love spending time with special family members and friends.

They do not know that you can be trustworthy, kind or thoughtful, and that you try, every day, to be your very best... the scores you get will tell you something, but they will not tell you everything.

So enjoy your results and be very proud of these but remember there are many ways of being smart.

The head denied the letter was telling pupils that test scores did not matter.

"We never give pupils the message that academic attainment isn't important -

what we do is celebrate that we send really independent, confident, articulate learners on to the next stage of their school career."

Writing on Twitter, Barrowford school said: "Wow. There are posts all over the world about this letter!! All we did was remind our Y6 how amazing they are!!!"
That message was retweeted over 1,000 times, with the school's name trending on Twitter.
The 313 pupil school was rated as Good in its last Ofsted inspection in September 2012.
The Department for Education said the letter was "a matter for the school".

_《BBC》, July 16, 2014

Joke & Riddle 유머 & 수수께끼

- 기회주의자(opportunist)란 비관주의자(pessimist), 낙관주의자(optimist), 현실주의자(realist)가 물 잔에 물이 얼마나 차 있는지 언쟁을 벌이는 사이에(while are arguing about how full the glass is) 그 물을 마셔버리는 사람을 말한다.

- 늘 오고는 있는데(be always coming) 결코 도착은 하지 않는(never arrive) 것은?

Answer = tomorrow(내일)

Wise saying & Proverb 명언 & 속담

- A broken watch is right two times a day. (고장 난 시계도 하루에 두 번은 맞는다.)
  : 누구든 어떤 것에 관해선 옳을(be right about something) 수도 있다는 얘기다.

- A friend is someone who knows all about you and still loves you.
  (친구란 너에 대해 모든 것을 알면서도 여전히 좋아해주는 사람이다.)

- A man's health can be judged by which he takes two at a time - pills or stairs. (사람의 건강은 한 번에 두 개씩 〈약 또는 계단〉 어떤 것을 취하는지를 보면 판가름할 수 있다.)

- A real friend is one who walks in when the rest of the world walks out.
  (진정한 친구는 세상 나머지 사람들이 모두 나가버릴 때 걸어 들어오는 사람이다.)

- A stitch in time saves nine. (제때의 바늘땀 하나가 아홉 바늘땀을 피하게 해준다.)
  : 적절한 시기에 하는 노력(a timely effort)이 나중에 생길 더 힘든 일을 막아준다는(prevent more hard work later) 얘기다.

- All cats love fish but hate to get their paws wet.
  (고양이는 모두 생선을 좋아한다. 하지만 발이 젖는 것은 싫어한다.)
  : 누구나 성공을 원하지만, 많은 이가 성공하는 데 필요한 자기 수양은 결여하고 있다는(lack the self-discipline to become successful) 의미다.

- All that glitters is not gold. (반짝반짝 빛난다고 해서 모두 금은 아니다.)
  : 빛이 나고 겉으로 멋져 보이는(be shiny and superficially attractive) 것이 모두 가치가 있는(be valuable) 것은 아니라는 뜻이다.

- An eye for an eye, a tooth for a tooth. (눈에는 눈, 이에는 이.)
  : 모든 잘못은 상응하는 정의의 심판과 상응하는 보상 조치를 받게 된다는(be brought to justice and its compensating measure) 말이다.

NEWS ENGLISH 2

02

2nd News

지구촌은 뜨거운 용광로

IS using North Korean weapons

Sexual harassment and 'power harassment'

The reason why Americans dislike the soccer

The probability of a Sino-American war

Russia's new tactics

Obligation of whistle-blowing by a doctor who'd commit a malpractice

China's Hong Kong mistake

What to do for Muslims to go to Heaven?

Paleolithic diet

Contradiction of moderate voters

Kim Jong-un addicted to cheese

IS using North Korean weapons
북한 무기 사용하는 이슬람국가(IS)

극단주의 이슬람 수니파 무장 단체(extremist Sunni militant group) 이슬람국가(IS)의 잔혹 행위(atrocious acts)가 계속되고 있는 가운데, 이들 중 일부가 북한 무기를 쓰고 있는 것으로 알려졌다. 북한제 소형 무기, 경화기, 휴대용 방공 무기, 견착식 로켓, 중기관총 및 대전차 무기 탄환(small arms, light weapons, man-portable air defense weapon, shoulder-launched rocket, rounds for heavy machine guns and anti-tank weapons) 등이 곳곳에서 발견되고 있다는 것이다.

그러나 북한이 IS에 직접 무기를 판매, 지원하는 것으로 보이지는 않는다. IS가 시리아 정부 무기고에서 약탈했거나(loot from Syrian government arsenal), 옛 리비아 정부 은닉처에서 절취돼(be stolen from former Libyan

---

* atrocious : 형편없는, 끔찍한, 잔혹한
  Many Koreans suffered from Japan's atrocious acts.
  (많은 한국 사람들이 일본의 잔혹한 행위로 인해 고통을 받았다.)

government caches) 암시장에서 판매된(be sold on the black market) 것들로 추정된다. 현재까지 포착된 북한 무기와 탄약은 보병 기본 화기(basic infantry weapons)를 주로 생산하는 북한 93공장에서 1975~1986년 사이에 만들어진 것들이다. 익히 알려져 있듯, 북한은 시리아, 리비아 등 중동 국가와 무장 단체들에 무기를 수출해 외화 벌이를 해왔다(earn foreign currency).

그렇다면 외화 부족에 쪼들리는(be pinched with the scarcity of foreign currency) 북한 입장에선 IS의 발호로 야기된 현 상황(the current situation caused by the rampancy of IS)이 또 다른 기회라고 생각할 수도 있다. 비축된 것이든 생산 라인에서 막 나온 것이든(whether stockpiled or fresh off the production line) 무기를 팔아넘기고 돈을 벌려(make money from selling arms) 하지 않을까.

---

* loot : 훔치다, 약탈하다
The man incited the mob to loot the store. (그 남자가 군중들로 하여금 가게를 약탈하도록 부추겼다.)

* cache : 은닉처
They found an arms cache of their enemy. (그들은 적의 무기 은닉처를 찾아냈다.)

* rampant : 사나운, 건잡을 수 없는, 만연한
He grew up in a city where violence was rampant. (그는 폭력이 난무하는 도시에서 성장했다.)

앞서 북한은 1970년대 이라크와 긴밀한 관계를 유지하다가 이란, 이라크 전쟁 발발 후 이란 쪽의 수익성이 더 좋다고(be more lucrative) 판단해, 이라크와 관계를 단절하고(cut off ties with Iraq) 이란에 무기를 판 전력이 있다. 조금이라도 남는 장사 쪽으로 돌아섰던(turn to a profitable business) 것이다. 그러나 시리아에는 등을 돌리지(turn its back to Syria) 않을 것이라고 군사 전문가들은 예측한다. 북한과 시리아는 냉전 시대부터(since the mid-Cold War) 깊은 관계를 유지해왔다. 북한은 다연장로켓 발사대, 장갑차(multiple rocket launcher, armored vehicle)를 판매하고, 단거리 탄도미사일과 화학무기(short-range ballistic missile and chemical weapon)를 생산했으며, 심지어 원자로를 건설하는 데도(build a nuclear reactor) 도움을 줬다. 시리아는 재래식 무기와 관련 탄약을 다량 수입해온(import a large amounts of conventional weaponry and matching ammunition) 북한의 거대한 무기 시장(an enormous arms market)이다. IS 쪽에 무기 일부를 팔았다가 자칫 중동 내 최대 거점이자 최대 무기 시장을 잃을 수 있다는 것을 북한도 잘 알고 있다.

어찌 됐든 아이러니는 현재 시리아 접경에서 격전을 벌이고 있는(fight a fierce battle) 시리아군과 IS 테러리스트 일부는 서로 북한 무기로 북한산 탄환, 포탄을 쏘아대고 있다는 사실이다.

---

* lucrative : 수익성이 좋은, 이익이 남는
New drug production is a very lucrative business. (신약 생산은 수익성이 매우 좋은 사업이다.)

Idioms & Synonyms 관용구 & 동의어

- be pinched with : ~로 쪼들리다, 찌들다
  - The people were severely pinched with poverty. (사람들은 가난에 몹시 찌들고 있었다.)
  - » 동의어 : be stricken with
  - She was stricken with grief. (그녀는 비탄에 빠져 있었다.)

- make money from : ~로 돈을 벌다
  - I'm not studying art to make money from it. (나는 돈을 벌려고 미술 공부를 하는 게 아니다.)
  - » 동의어 : make cash from
  - They finally realized that it could make cash from it. (그들은 비로소 그것이 돈벌이가 된다는 것을 깨달았다.)

- cut off ties : 유대 관계를 끊다
  - The United States cut off all economic and diplomatic ties with Cuba. (미국은 쿠바와 모든 경제적 외교적 관계를 단절했다.)

- turn one's back to : ~에 등을 돌리다, 외면하다
  - Turning your back to a person implies your heartless indifference to their fate. (당신이 어떤 사람에게 등을 돌리는 것은 그의 운명에 대한 당신의 비정한 무관심을 의미하는 것이다.)
  - » 동의어 : look the other way, turn away from
  - Prison officers knew what was going on, but looked the other way. (교도관들은 무슨 일이 벌어지는지 알고 있었지만 모르는 척 외면했다.)
  - Please, don't turn away from your conscience. (제발 당신의 양심을 외면하지 말아주세요.)

- a large amount of : 다량의, 많은
  - Qatar has a large amount of oil reserves. (카타르는 많은 원유 매장량을 보유하고 있다.)

Sexual harassment and 'power harassment'

성희롱과 '힘희롱'

대한항공 부사장이 서비스가 마음에 들지 않아 비행기를 게이트로 되돌린 사건인 '땅콩 리턴'을 두고 성희롱(sexual harassment)에 빗대 '힘희롱(power harassment)'에서 비롯된 일이라는 얘기가 있다. '힘희롱'은 우월한 지위와 힘을 악용해(make bad use of their prominent position and power) 아랫사람을 멸시하고(look down upon their inferiors) 함부로 대하는(walk over them) 짓거리를 말한다.

영국에서는 집권 보수당 원내총무(floor leader<영국은 whip> of the ruling conservative party)가 정부청사 경비 순경에게 '힘희롱'을 했다가 27년 정치 경력을 한순간에 망쳐버린(wreck a 27-year political career at a breath) 사건이 있었다. 억만장자 아버지를 둔 앤드루 미첼 당시 원내총무는 31세 때 하원의원에 당선된 이후 잇달아 3선에 성공, 총리를 바라보고 있었다.

---

* wreck : 망가뜨리다, 파괴하다
  If you do so, you'll wreck everything. (당신 그렇게 하면 모든 것을 망치게 될 것이다.)

2012년 9월 19일 저녁, 자동차가 드나드는 정문을 향해 자전거를 타고 가면서(cycle towards the main vehicle gate) 정부청사 경비를 서고 있던 토비 롤런드 순경에게 문을 열라고 했다. 그러나 롤런드 순경은

공식 방침에 따라(in line with official policy) 자전거에서 내려 끌고 옆쪽 보행자용 문을 통해 나가라고(leave via the pedestrian gate at the side) 권고했다.

그러자 오만방자하고(be arrogant and rude) 화 잘 내기로 유명한(be famously short-fused) 미첼 원내총무가 막말을 퍼붓기 시작했다.

"너는 네 X할 주제가 뭔지나 제대로 알아라. 네가 이 X할 정부를 끌고 가는 게 아니잖아. 너는 그냥 X할 pleb(가난하고 배운 것 없는 서민) 놈이야."

들끓는 비난 여론을 불러왔다(bring about a public uproar). 사태가 불거지자 "욕설을 한 것은 사실이지만, 평민·천민 운운은 절대 하지 않았다"고 부인하고 나섰다. '힘희롱' 사건은 이후 막말을 하고 욕설을 퍼부은(curse and swear him out) 스캔들에서 'pleb' 표현을 했느냐 안 했느냐로 번졌다.

그래서 이 사태는 'Plebgate'로 불리기 시작했다. 출입문에서 벌어졌다

---

* pedestrian : 보행자, 보행자용의
  They traversed the narrow pedestrian bridge. (그들은 좁은 보행자용 다리를 건너갔다.)

* short-fused : 화를 잘 내는, 성급한
  The guy has a violent temper. He is short-fused. (그 녀석은 과격한 성미를 갖고 있다. 화를 잘 낸다.)

고 해서 'Gategate', 순경이라는 비속어를 써서 'Plodgate'로도 불리며 일파만파 확대됐다(be metastasized into a full-blown case). 미첼 원내총무는 예산 삭감에 반발한 경찰이 자신을 몰락시키기 위해 자작극을 꾸민(plot out a self-fabricated scenario in a bid to bring him low) 것이라며 대반전을 기도했다. 명예훼손 소송으로 치고 나갔다(push ahead with a libel action).

그러자 이번엔 롤런드 순경이 "pleb이라고 말해놓고 거짓말을 해 내 명예를 훼손했다"며 소송을 제기, Plebgate는 누가 거짓말을 했느냐는 진실 게임으로 바뀌었다. 결국 법원은 현장 CCTV 영상을 명백한 증거(an incontrovertible evidence)로 들어 미첼에게 패소 판결을 내렸다.

결국 미첼은 일반 국민을 멸시하는(look down his nose at the general public) 거만하고 부정직한 정치인으로 낙인찍혔고(be branded a supercilious and dishonest politician) 재기 불능 상태에 빠졌다. 그의 27년 공든 탑을 무너뜨린 것은 시비를 벌인 49초, 'pleb' 운운하며 막말을 퍼부은(bombard rough words) 단 12.5초였다.

'삼사일언(三思一言)'이라는 말이 있다. 한마디를 하기 전에 세 번 생각하고 난 뒤 하라는 것이다. 말은 쉽지만, 지키기는 어려운 말이다.

---

* incontrovertible : 이론의 여지가 없는, 명백한
It is incontrovertible that they have made a mistake.
(그들이 실수를 했다는 것은 반박의 여지가 없다.)

* supercilious : 거만한, 남을 얕보는
With a supercilious smile he refused our invitation.
(그는 거만한 미소를 지으며 우리의 초대를 거절했다.)

Idioms & Synonyms 관용구 & 동의어

- look down upon : ~를 우습게 보다, 깔보다
  - The boss looks down upon people who haven't been to college.
    (사장은 대학을 안 다닌 사람들을 우습게 본다.)
  - » 동의어 : hold cheap, look down one's nose at
  - They hold you cheap. (그들은 너를 얕보고 있다.)
  - Just because he is rich, he looks down his nose at us.
    (단지 자신이 부자라는 이유만으로 그는 우리를 깔본다.)

- walk over : ~를 함부로 대하다, 쉽게 이기다
  - Don't try to walk over me. (나를 함부로 대하려 하지 마라.)

- bring about : 야기하다, 초래하다
  - Revenge will never bring about peace. (복수는 결코 평화를 가져오지 못한다.)
  - » 동의어 : lead to, give rise to
  - Too much drink can even lead to serious diseases such as cancer.
    (과음은 암과 같은 심각한 질병을 유발할 수 있다.)
  - The persistence of poverty and the exploitation of people gives rise to extreme disquiet. (지속적인 빈곤과 착취는 극단적인 동요를 일으키게 된다.)

- push ahead with : 밀고 나가다, 추진하다
  - They decided to push ahead with the project. (그들은 그 계획을 추진하기로 했다.)

The reason why Americans dislike the soccer

미국인이 축구를 싫어하는 이유

미국인들은 미식축구에는 열광하면서(be fanatical about American football) 축구에는 시큰둥하다(be lukewarm about soccer). 야구, 농구, 아이스하키에는 몰두하면서(be given to baseball, basketball and ice hockey) 축구 시청률은 골프보다도 낮다. 세계 최강 대국 자존심에 축구 실력은 별로여서 애써 무시하는(put themselves out of the way to disregard it) 건 아닐까. 여기에는 나름의 이유가 있다고 한다.

축구가 인기를 끌지(catch on) 못하는 것은 미국 기풍에 어긋나기(go against the American ethos) 때문이다. 비(非)미국적(be un-American) 스포츠라는 것이다. 손은 왜 쓰지 못하게 하고, 발과 헤딩으로만 하는지 납득을 못한다(be not convinced of it). 미국의 초기 개척자들(early pioneers)은 모든 것을 손으로 일궈냈다. 뭔가를 성취하기 위해 손을 사용한다는 개념이 여

---

* fanatical : 광신적인, 열광적인
He is a fanatical Manchester United supporter. (그는 맨체스터 유나이티드의 열성팬이다.)

러 세대에 걸쳐 스포츠 세계에도 이월됐다(be carried forward to the world of sports). 공을 손으로 잡아 터치다운을 하고, 방망이를 휘둘러 쳐내고, 농구공을 골망에 꽂아 넣어야 직성이 풀린다(be gratified).

축구를 두고, 직립보행하기 시작한(begin to walk erect) 인류 이전 선조들을 추모하는(revere the memory of the pre-human ancestors) 경기냐고 묻는다. 왜 '타조들의 경기(a game of ostriches)'를 하느냐고 반문한다. 아예 발도 쓰지 못하게 하고, 서로 뿔을 맞부닥치는 산양들처럼(like mountain goats cracking their horns together) 헤딩만 해서 겨루는 경기도 만들어보지 그러느냐고 비아냥댄다(make sarcastic remarks).

단연 공통된 이유(far and away the most common reason) 중 또 하나는 90분 내내 관전해봐야 0-0, 1-0, 1-1, 2-1로 끝나는 게 태반이라는 것이다. 걸핏하면 무승부로 끝나버리는(end in a draw) 축구가 승리를 중시하는

---

* gratified : 만족한, 기뻐하는
  They were very gratified with the result. (그들은 그 결과에 대단히 만족해했다.)

* revere : 숭배하다, 떠받들다
  He was revered as a national hero. (그는 국가의 영웅으로 숭상되었다.)

* sarcastic : 빈정대는, 비꼬는
  Why is she so sarcastic? (그녀는 왜 그렇게 빈정대는 거지?)

(put a premium on winning) 미국인들에겐 맞지(sit well with Americans) 않는다는 얘기다. 계속 오르락내리락하는데 골은 터지지 않으니, 매번 도로 굴러떨어지는 바위를 산꼭대기로 밀어 올리려 헛고생하는(strive in vain to roll a rock up a mountaintop) 그리스신화의 시시포스 무리(a bunch of Sisyphus)를 보는 것 같단다. 그것도 발과 헤딩으로만…….

애매한 파울, 오프사이드 선언 하나(an ambiguous foul or offside call)가 경기 전체를 뒤바꾸고(swing an entire game), 더 뛰어난 팀이 승부차기에서(in a penalty shoot-out) 져 탈락하는 것도 너무 비합리적이라고 본다. '아메리칸드림'과 공정한 세상을 믿고 싶어 하는(wish to believe in a just world) 그들은 볼 점유 시간과 유효슈팅이 더 적은(have lower times of possession and fewer shots on goal) 팀이 이기고 우승하는 것에 어이없어 한다.

국제축구연맹(FIFA) 랭킹 57위 한국이 19위 러시아, 22위 알제리, 11위 벨기에를 잇달아 이겨주기 바라는 우리는 그럼 불공정하고 비합리적이라는 얘기인데……. 수긍은 하지만(consent to it) 승복은 못 하겠다(cannot submit to it).

---

* strive : 노력하다, 힘쓰다
You need to strive to concentrate on your studies. (공부에 집중하도록 애를 써야 한다.)

Idioms & Synonyms 관용구 & 동의어

- be lukewarm about : ~에 무관심하다, 열의가 없다, 미적지근하다
  - They were lukewarm about the plan. (그들은 그 계획에 대해 미온적이었다.)

- be given to : ~에 빠지다, 열중하다, 몰두하다
  - She is given to painting. (그녀는 그림에 빠져 있다.)
  - » 동의어 : be absorbed in, be engrossed in
  - Once, he used to be absorbed in foreign pop music. (한때 그는 외국 팝송에 심취해 있었다.)
  - She was engrossed in watching TV. (그녀는 TV 보는 데 정신이 팔려 있었다.)

- put oneself out of the way to : ~하는 데 애를 쓰다
  - He put himself out of the way to help me get the post.
    (그는 내가 그 자리를 얻도록 도와주려고 애를 썼다.)

- sit well with : ~와 잘 어울리다, 받아들여지다
  - It doesn't sit well with me. (그것은 나와 잘 맞지 않는다.)

- strive in vain : 헛되이 노력하다, 헛된 짓을 하다
  - They worked so hard, but strove in vain at last.
    (그들은 열심히 일했지만, 결국은 헛된 노력이 되고 말았다.)

Why Soccer Is Un-American

Sports are a reflection of national character and aspirations, and it is no coincidence, I think, that soccer has had a hard time catching on in the United States. Simply put, soccer—call it "football" if you must—is a tragic game, and thus it cuts deeply against the grain of the American ethos. Americans are an optimistic people. We like scoring too much to enjoy a game that is more about preventing success than achieving it.

Soccer is like watching a bunch of Sisyphuses competing against each other by trying to roll the same rock up a hill—without using their hands, of course. And there's a big guy on top of the hill just waiting to kick the rock all the way back to the bottom. Let's remember that in the original myth, Sisyphus was being punished; there was no break in the action, and no flopping either.

To the American mind, the only time games are supposed to be tragic are when we lose in a sport we love in the international arena. A real sport, like hockey. Otherwise, Americans should be able to make progress in any game, overcoming obstacles, changing rules, buying the best players. That has not happened in soccer because the design of that game has old-world values written all over it: Individuals should not try to stand out from the crowds, one group should not have too many advantages over another, drawing attention to yourself is distasteful, and so on. The tools of your trade shouldn't be too splashy, either—why use your hands when your feet will do?

Although Americans love games that highlight individual performances—and the more the better—soccer seems designed to minimize their frequency. How many times during a baseball, (real) football or basketball game does someone do something that is utterly transcendent in its expression of skill and strength? Many times. Such moments of beauty are the main reason we find sports so attractive.

In soccer, however, these performances are more like an accident than a natural part of the so-called beautiful game. Fans keep their expectations so low that they are actually surprised, really surprised, when someone kicks the ball in an inhumanly perfect manner. And if the perfect kick does not go in the goal, well, that's not surprising at all. Soccer thus appeals to the pessimist, the person who wagers that it is better to avoid disappointment than to demand too much joy. In other words, foreigners.

Another knock against soccer: Kicking is just not as precise as throwing or hitting. Baseballs and footballs go farther, and with greater accuracy and power. The closest a soccer goal comes to an American sport is the arc of a basketball tracing its improbable journey toward its excruciatingly small destination. But fans can thrill to many such arcs in a basketball game. To gain the same excitement in soccer, they would have to widen the nets, which might not be a bad idea anyway. Who's afraid of a lot more scoring? I'll tell you who: Those old-world souls who equate all things gigantic and excessive with crass American consumerism. Soccer in this respect is a lot like socialism: Don't give the fans too much of what they want or they might want to change the game.

_《POLITICO Magazine》, June 12, 2014

The probability of a Sino-American war

미국과 중국의 전쟁 가능성

혹시라도(by any chance) 미국과 중국이 전쟁을 벌인다면(wage a war) 어떻게 될까. 과거 양국이 무력 충돌할 전선(front line)은 대만과 북한뿐이었다. 그러나 중국의 이해관계와 군사력이 확대되면서 잠재적 전선이 동, 남중국해를 비롯한 환태평양 지역에서도 불가분하게 얽히게 됐다(be inextricably locked in the Pacific Rim). 전쟁 발발(outbreak of a war) 여지가 넓어진 것이다. 전문가들은 전쟁이 청천벽력(a bolt of the blue)처럼 일어나지는 않을 것이라고 말한다. 끓어오르는 위기(a brewing crisis)가 여러 사건을 통해 고조되다가 어느 시점에 폭발할 것으로 예측한다. 이 경우에도 미

---

* inextricable : 불가분의, 빠져나갈 수 없는
The relationship between crime and the decline of the inner cities is inextricable.
(도심 지역의 쇠퇴와 범죄는 떼려야 뗄 수 없는 불가분의 관계다.)

* outbreak : 발생, 발발
The four-day festival ended a day early after an outbreak of violence.
(나흘로 예정된 축제는 폭력사태 발생 후 하루 일찍 끝났다.)

국이 선제공격을 가할(carry out a preemptive strike) 가능성은 적다. 전면전(a total war)은 아니라도 맞붙어 싸워볼 만큼(come to grips with each other) 군사력을 키웠다고(build up the military might) 판단한 중국이 도발할 개연성이 높다.

「 일본의 진주만 공습(Japan's airstrike on Pearl Harbor) 때처럼 이른 새벽에(at the early dawn) 중국 탄도, 크루즈미사일 세례(barrage of ballistic and cruise missiles)가 괌의 미국 군사 시설에 쏟아진다(bombard the U.S. military installations). 또 다른 탄도미사일들은 우주에서 폭발하면서(detonate in the space) 미국의 중요 군사위성들을 마비시킨다(paralyze America's critical military satellites). 앞서 사이버 공격으로 미국의 방공, 표적 시스템을 황폐화시킨다(wreak havoc on air defense and targeting systems). 일본 주둔 미 공군과 조지워싱턴호를 필두로 한 항모타격단(a carrier strike group)이 출동하지만 미사일 방어 시스템이 마비된 조지워싱턴호에 중국의 항모 킬러 미사

---

* brew : 끓이다, 양조하다, 태동하다
  They sensed something big was brewing. (그들은 뭔가 큰 일이 일어나고 있음을 알아챘다.)

* detonate : 폭발시키다, 터뜨리다
  He had to detonate the bomb within an hour. (그는 한 시간 안에 폭탄을 터뜨려야 했다.)

일이 명중해 탑재 전투기, 전폭기들은 물론 이륙용 항모 갑판 자체가 무력화된다. 이에 따라 아시아 태평양 지역에 주둔하는 미국 공군, 해군력 일부는 단기적으로 전장에 나서지도 못하게 된다(be sidelined).

물론 최악의 상황을 가정한(assume the worst) 것이지만 황당무계한(nonsensical) 상황은 아니다. 미국이 F-22 랩터 등 최신예 스텔스 전투기들을 보유하고 있지만 중국도 이에 뒤지지 않는다. 중국은 5세대 스텔스 전투기 J-20과 J-31을 이미 개발했고, 러시아로부터 최소한 12척의 스텔스 잠수함도 도입한 상태다.

미군은 최첨단 기술(cutting-edge technology)로 무장된 세계 최고의 가공할 전투력(the world's most fearsome fighting strength)을 갖고 있다. 중국도 너무나 잘 알고 있다(be keenly aware of it). 이길 수 없는 전면전으로 가지 않는다. 제한적인 국지전(a limited regional war)으로 질질 끌면서 미국에 전례 없는 피해를 입혀 여론을 들끓게 함으로써 중국의 뒷마당에서 스스로 발을 빼게(wash its hands of China's backyard) 하는 전략을 구사할 것이다.

하지만 미국이 피해를 무릅쓰고 선불리 군사력을 사용할 리는 없다. 중국도 막대한 피해를 입을 경우 공산당 체제 자체가 붕괴할 수 있어 감히 도발하지 못한다. 따라서 두 나라 간에 전면적인 전쟁이 일어날 가능성은 극히 희박하다는(be extremely unlikely) 것이 군사 전문가들의 관측이다.

---

* cutting-edge : 최첨단의, 칼날의
  This factory is equipped with the most cutting-edge facilities.
  (이 공장은 최첨단 설비로 갖춰져 있다.)

Idioms & Synonyms 관용구 & 동의어

- by any chance : 혹시라도, 만일, 어쩌다가
  - Are you in love with her, by any chance? (너 혹시 그 여자를 사랑하게 된 거니?)

- wage a war (against/on) : 전쟁을 벌이다
  - The whole world is waging a war against trans fats, otherwise known as trans fatty acids. (전 세계가 전이지방산으로 알려진 트랜스지방에 대한 전쟁을 벌이고 있다.)
  - He has always been against waging a war on drugs in that way. (그런 식의 마약과의 전쟁에 그는 늘 반대해왔다.)

- wreak havoc on : ~을 파괴하다, 황폐하게 하다, 엉망으로 만들다
  - Tectonic movements can wreak havoc on quake-prone zones around the world. (지질 구조 판의 움직임이 전 세계의 지진 취약 지역에 재앙을 일으킬 수 있다.)
  - » 동의어 : cause damage to
  - Alcohol may cause damage to the liver. (술은 간에 손상을 초래할 수 있다.)

- wash one's hands of : ~와 관계를 끊다, 손을 떼다
  - We must wash our hands of these appalling practices. (우리는 이 끔찍한 관행에서 손을 떼야만 한다.)
  - » 동의어 : break off with, break away from, withdraw oneself from
  - He finally decided to break off with sly politicians. (그는 마침내 간사한 정치인들과의 관계를 끊기로 결심했다.)
  - The company wants to break away from its downmarket image. (그 회사는 저가 이미지에서 벗어나고 싶어 한다.)
  - He withdrew himself from political society in order to live a quiet life. (그는 평온한 삶을 살기 위해 정계와 관계를 끊었다.)

Russia's new tactics
러시아의 새로운 전술(戰術)

미국과 유럽이 러시아의 새 전략에 대응하느라 애를 먹고 있다(struggle to counter Russia's new tactics). 러시아가 동구권 국가들을 공략하면서 변칙적 전술을 구사하고(make use of unorthodox tactics) 있기 때문이다. 톨스토이는《전쟁과 평화》에서 나폴레옹군(軍)을 교란했던 러시아의 '빨치산 작전(partisan campaign)'을 빗대 "칼을 내려놓고 몽둥이를 들었다(drop the sword and pick up a club)"는 표현을 썼다. 세월이 흘러 푸틴 대통령이 이 전법의 현대판인 '하이브리드 전쟁(hybrid war)'을 전개해 서방국가들을 당혹케 하고 있다.

친(親)러시아 반군을 앞세운 은밀한 전쟁(a furtivet war)도 우발적 술책(an opportunistic ploy)이 아니다. 미리 궁리해온 새 전술로 러시아가 경직된 북대서양조약기구의 군사적 억제력 약점을 까발리며(lay bare the weakness

---

* furtive : 비밀의, 은밀한
Her boyfriend looks cunning and furtive. (그녀의 남자친구는 교활하고 음흉해 보인다.)

of NATO's ossified military deterrent) 회심의 미소를 짓고 있으리라는 (wear a contented smile) 것이 전문가들의 분석이다. 냉전 이후 세계가 변곡점에 서게 됐다는(be at an inflection point) 경고다.

푸틴은 장기적 목표의 신축적 전략에 맞춰(in concert with a flexible strategy with long-term objectives) 군사력 사용은 최소화하면서 광범위한 적대 행위를 꾸준히 실행에 옮기고(invariably execute a broad range of hostile actions) 있다. 비군사적 수단들을 은밀히 이용하면서 현지 주민들을 '제5열(적과 내통하는 집단)'로 작동시켜(fire up the local populace as a fifth column) 힘을 보태게 한다.

우크라이나에선 2008년부터 가스관을 볼모로 정책 입안자들을 회유해왔다(cajole policy makers). 암암리에 '스네이크'라는 악성 컴퓨터 파괴 소프트웨어(a virulent computer malware)로 정부 시설을 포함한 모든 컴퓨터 시스템에 침투, 각종 기밀에 마음대로 접근해왔다(have an unfettered access to all sorts of secrets). 수천 명의 변장한 후방교란 특수부대(disguised

---

* ossify : 굳어지다, 경직시키다
The effect would be to ossify the economy. (그 결과는 경제를 경직시키게 될 것이다.)

* cajole : 구슬리다, 속이다
She cajoled them into doing the malefaction. (그녀가 그들을 꼬드겨 그 나쁜 짓을 하게 만들었다.)

spetsnaz squads)도 잠입시킨 상태다.

불가리아도 예외는 아니다. 러시아는 러시아 정보기관과 연계된 범죄조직들(criminal organizations linked to the Russian intelligence agencies) 및 부패한 정치권을 이용해 언제든 불가리아를 '접수'할 수 있는 상태라고 한다. 발트해 연안 옛 소비에트연방 및 동유럽 국가들에도 '제5열'을 구축해놓고, 에너지·식량 관문을 장악해 목줄을 죄고 있다. 심지어 서유럽 환경단체들에 자금을 댄다는 설도 있다. 러시아 에너지에 대한 의존성을 지속시키기(preserve their dependence on Russian energy) 위해 셰일가스 시추 기술이 확산되지 않도록 방해하게(hinder the spread of fracking) 부추기기 위해서다.

이뿐만이 아니다. 국회의원, 금융인, 공무원, 기업인을 뇌물이나 조직범죄로 얽어매는 등 유럽 지배층에 깊숙이 파고든(deeply penetrate within the European establishment) 상태라고 한다. 독일이 러시아 경제제재 강화에 주저하는(be reluctant to increase economic pressure on Russia) 것도 일부 고위 정치인이 포섭된 탓이라는 말까지 나온다. 러시아의 새 전쟁 기술은 우려 단계가 아니라 이미 여러 나라에 먹히고 있다.

---

* unfettered : 제한받지 않는, 규제가 없는
The unfettered freedom of speech is susceptible to abuse.
(아무런 제한 없는 언론 자유는 남용 위험성이 있다.)

* hinder : 방해하다, ~을 못하게 하다
The political situation of this country hinders economic growth.
(그 나라의 정치 상황이 경제성장을 저해하고 있다.)

Idioms & Synonyms 관용구 & 동의어

• make use of : ~을 이용하다, 활용하다

- Try and make use of every opportunity of speaking English.
  (영어로 말할 수 있는 모든 기회를 이용하도록 해봐라.)

» 동의어 : take advantage of, put to use

- She took advantage of the children's absence to tidy their rooms.
  (그녀는 아이들이 없는 틈을 이용해 방들을 정돈했다.)
- It's time to put it to use. (이제 그것을 사용할 시간이다.)

• lay bare : 까발리다, 털어놓다

- He is going to lay bare their plots. (그는 그들의 음모를 폭로하려고 한다.)

» 동의어 : lay open

- His betrayal made the man could not but lay open the secret in public.
  (그의 배신은 그 남자로 하여금 비밀을 공개적으로 털어놓게 만들었다.)

• in concert with : ~와 협력해서, 일치하여, ~에 맞춰

- Korea has been in concert not only with advanced countries but also with developing countries. (한국은 선진국들뿐 아니라 개발도상국들과도 협력해왔다.)

• a broad range of : 광범위한

- This book covers a broad range of topics. (이 책은 광범위한 주제들을 다루고 있다.)

• be reluctant to : ~을 주저하다, 꺼리다, ~하고 싶어 하지 않다

- She was reluctant to lose any time from that debate.
  (그녀는 그 논쟁에 조금도 시간을 허비하고 싶지 않았다.)

» 동의어 : be unwilling to, be loath to

- She seems to be unwilling to exert herself. (그녀는 스스로 노력할 생각이 없는 것 같다.)
- He was loath to admit his mistake. (그는 본인의 실수를 인정하려 하지 않았다.)

Obligation of whistle-blowing by a doctor who'd commit a malpractice

의료과실 의사 양심선언 의무화

가수 신해철의 사인(死因, the cause of death)이 의료과실(medical malpractice)로 판명된 가운데, 영국 의료계에선 의료사고에 대한 자율적 지침(self-regulating guidelines)이 추진되고 있어 관심을 끈다(draw attention).

각계 의견을 모아(collect extensive opinions from all walks of life) 만든 이 지침의 요지는 의료과실을 범한(commit a medical error) 의사, 간호사, 조산사(midwife)가 실수를 모두 털어놓고(own up to their mistakes), 환자와 가족에게 사과한 뒤, 개인적 책임을 지도록(assume the personal responsibility) 한다는 것이다. 말하자면, 과실을 은폐하지(cover up the mistakes) 말고 공개적으로 양심선언을 하라는(blow the whistle) 얘기다.

영국 의사들의 직업윤리(professional ethics)를 감독, 규제하는 종합의료

---

* extensive : 아주 넓은, 대규모의

He has extensive knowledge of ancient Chinese history.

(그는 고대 중국사에 관해 광범위한 지식을 갖고 있다.)

심의회(GMC)가 추진 중인 이 가이드라인의 모토는 '투명성과 정직성(transparency and honesty)'이다.

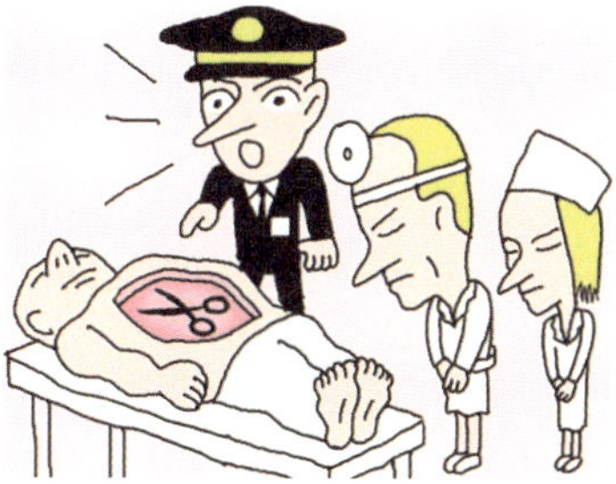

가이드라인에는 치명적인 결과를 초래한(bring about fatal consequences) 의료과실 또는 위기일발(near-miss) 상황이 발생했을 경우 즉각 보고하고, 환자와 가족들에게 사과하도록 규정하고 있다.

여기에는 잘못 적출된 장기(the wrong organs being removed), 수술 후 체내에 남겨진 탈지면, 약물 과잉 투여(overdoses of drugs) 등도 포함된다. 또 해당 병원은 국립보건원에 발생 경위(circumstances of the occurrence), 후속 조치(follow-up measures) 등을 의무적으로 보고해 차후 유사한 의료과실이 발생하지 않도록 공유해야 한다.

영국에선 한 해 평균, 수술 후 체내에 탈지면 또는 메스가 남겨진(swabs or scalpels left inside patients) 경우가 123건, 신체의 엉뚱한 부분에 수술한(operate on the wrong bit of the body) 경우가 89건에 달했으며, 심지어 급

---

* transparency : 투명성, 투명도
The President promised to promote government transparency.
(대통령은 정부의 투명성을 제고하겠다고 약속했다.)

* near-miss : 위기일발, 일보 직전
His astute handling of situation of a near-miss saved her from disaster.
(그가 위기일발의 상황을 기민하게 처리해서 그녀는 재난을 면할 수 있었다.)

식 튜브(feeding tube)를 위(胃)가 아닌 폐에 삽입한(be inserted into the lungs, rather than the stomach) 황당한 사례도 14건이나 발생하는 것으로 조사됐다.

그나마 이것들은 빙산의 일각(the tip of an iceberg)일 뿐, 실제로는 은폐된 사례가 상당수 더 있을 것이라는 것이 의료계의 지적이다. '신사의 나라' 영국에서도 대다수 병원이 의사와 직원의 의료과실을 인정하거나 우려를 제기하지 못하도록 해왔기(prevent them from admitting mistakes or raising concerns) 때문이다.

이와 관련하여 종합의료심의회는 의료과실을 은폐하거나 환자와 가족에게 사과하지 않는 의사는 제명해(strike them off) 의료 활동을 더 이상 하지 못하도록 금지하는(be banned from practising) 방안도 검토하고 있다. 여기에는 본인이 아닌 동료 의사, 간호사의 과실을 못 본 척하고 보고하지 않는 경우도 포함한다.

의사 중 최고 의사는 동물들을 다루는 수의사(veterinarian)라고 한다. 어디가 아픈지, 증상이 어떤지 들어보지 못하고도 쓱싹 치료하기 때문이란다.

하지만 더 대단한 의사도 있다. 이 의사는 환자에게 6개월 시한부 진단을 내렸다. 그런데 환자가 6개월 동안 병원비를 완납하지 못하자 다시 6개월 시한부를 추가해줬다.

---

* swab : 면봉, 탈지면
The nurse cleaned his wound with a swab. (간호사가 탈지면으로 그의 상처를 닦아냈다.)

* veterinarian : 수의사
The doctor that cures animals is called a veterinarian. (동물을 치료하는 의사를 수의사라고 한다.)

Idioms & Synonyms 관용구 & 동의어

• draw attention : 관심을 모으다, 주의를 끌다

- He does all those weird things to draw attention.
  (그는 주위의 관심을 끌기 위해 그런 이상한 짓들을 하는 것이다.)

» 동의어 : draw interest, attract attention

- I'm sure he threw a book to draw her interest.
  (나는 그가 그녀의 관심을 끌려고 책을 집어던졌다는 것을 확신한다.)
- Babies always try to attract the attention of their mothers.
  (아기들은 늘 자기 엄마의 주의를 끌려고 한다.)

• commit an error : 잘못을 저지르다, 오류를 범하다

- He must be embarrassed to commit such an error.
  (그는 그런 실수를 저지른 것에 대해 분명히 당황해 하고 있을 것이다.)

» 동의어 : make a mistake

- Take care not to make a mistake. (실수하지 않도록 주의해라.)

• own up to : ~을 모두 자백하다, 자인하다

- If you own up to making a mistake, they will forgive you.
  (네가 실수한 것을 인정하면 그들은 용서해줄 것이다.)

• assume responsibility : 책임을 지다, 책임을 떠맡다

- I'll assume all the responsibility. (내가 그 모든 책임을 지겠다.)

Own up to mistakes, hospital staff told: New guidelines will order doctors and nurses to apologise to patients and families

Doctors and nurses are being ordered to own up to their mistakes and to say sorry to patients and families.

The joint guidelines from the General Medical Council and the Nursing and Midwifery Council instruct staff to report an error immediately to prevent a repeat.

Figures show as many as a fifth of all hospital trusts are under-recording mistakes and near-misses – some of which have fatal consequences.

They include 'never' events such as the wrong organs being removed, swabs left inside patients or overdoses of drugs.

Today Health Secretary Jeremy Hunt will highlight the importance of honesty in a speech at St Thomas' hospital in London.

He will underline how such mistakes cause 'immeasurable harm', and call upon the NHS to drastically improve its safety record.

The guidelines urge staff to report errors or near misses to managers immediately, then inform patients and properly apologise, and accept 'personal responsibility'.

Next, they must tell patients how the mistake will be remedied.

For example, if a swab has been left inside a patient following an operation they will need further surgery to remove it.

Hospitals are meant to record mistakes and near misses to an agency known as the NHS's National Reporting and Learning System.

But an analysis by Department of Health in June identified that 29 of 130 the hospital trusts in England were under-reporting these incidents – a fifth of the total.

Separate figures show that last year there were 312 never events across the NHS – six every week.

They include 123 patients who had swaps, scalpels or other objects were left inside them after surgery and another 89 cases where doctors operated on the wrong bit of the body.

A further 49 patients were fitted with the wrong implant or prosthetic limb and there were 14 cases where feeding tubes were inserted into the lungs, rather than the stomach, which is life-threatening.

Jeremy Hunt said: 'Transparency and honesty when things go wrong are powerful tools to improve patient safety, and part of the continued culture change we are determined to see in the NHS.

'These new guidelines will complement the statutory duty of candour on organisations and help make the NHS safer than ever before.'

The extent of secrecy and cover-ups within the NHS was highlighted in a damning report in 2012 into the Mid Staffordshire scandal, where hundreds died due to poor care.

Its author, Robert Francis QC, warned that a culture of fear existed in many hospitals preventing staff from admitting mistakes or raising concerns.

Niall Dickson, chief executive of the GMC said: 'Patients deserve a clear and honest explanation if something has gone wrong with their care.'

'This is why, for the first time, we are collaborating on this new joint guidance. It will ensure that doctors, nurses and midwives are working to a common standard and will know exactly what their responsibilities are.'

_《Daily Mail》, November 3, 2014

China's Hong Kong mistake
중국의 홍콩 실수

1996년 여름, 중국은 천안문광장 옆에 높이 150미터, 폭 90미터의 초대형 디지털시계를 설치했다. 150년간 영국 식민 지배 아래(under British colonial rule) 있던 홍콩 주권을 되찾아오는(regain the sovereignty over Hong Kong) 1997년까지 카운트다운에 들어간 것이다.

당시 중국은 영국의 중개 거래를 통해(through a deal brokered with the British) 홍콩의 국제화된 생활양식을 변경하지(alter its internationalized way of life) 않기로 합의했다. 표현의 자유(freedom of expression), 집회의 자유(freedom of assembly) 등 중국 본토에선 허용되지 않던 정치적 권리들(political rights not permitted on the mainland)도 인정해주기로 했다.

현재 중국은 경제발전에도 불구하고 정치 자유화를 오히려 더 억압하고 있다. 정치적 안정과 통치권을 위협한다며(threaten political stability and sovereignty) 고유의 중앙집권 1당 체제를 고수하고(adhere to its own centralized one-party system) 있다. '언급하지 말아야 할' 일곱 가지 내부 지침을 당원들에게 배포하기도(hand out an internal directive) 했다. 민주주의,

보편적 가치(universal values), 시민 사회(civil society), 시장자유주의(market liberalism), 언론 독립, 공산당 역사의 과오, 개방·개혁정책과 사회주의의 본질(the policy of opening up and reforms and the socialist nature)에 대한 의구심 등은 입에 올리지도 말라는 지시였다.

이런 와중에 홍콩에 대해선 2017년 행정장관 선거 후보는 반드시 추천위원회의 심의와 승인을 받도록(must be vetted and approved) 해 거센 반발을 일으켰다(bring about a strong backlash). 아시아 국제, 민주 도시의 원조 역할에 자부심을 갖고 있는(take pride in its role as Asia's original global and democratic city) 홍콩의 주민들은 이에 항의하며 연일 가두시위를 벌였다(take to the streets to protest).

그럼에도 중국은 철회할(back down from it) 수 없다는 입장을 고수하고 있다. 한 번 물러서면 홍콩뿐 아니라 중국 본토에서도 추가적 저항 행위와 민주화운동을 대담해지게 만들(embolden further acts of resistance and pro-

---

* vet : 심사하다, 조사하다, 점검하다
  All candidates are carefully vetted for security reasons.
  (모든 후보들은 보안상의 이유들 때문에 면밀한 조사를 받게 된다.)

* backlash : 반발, 역풍
  The government is facing an angry backlash from voters over the new tax.
  (정부는 새로 생긴 세금 때문에 유권자들의 심한 반발에 직면해 있다.)

democracy movement) 것이라는 우려 때문이다.

《인민일보》는 "외국 선동가들(foreign agitators)이 홍콩을 교두보로 만들어(turn it into a bridgehead) 본토를 뒤엎고 잠입하려(subvert and infiltrate the Chinese mainland) 한다"고 맹비난하는 등 민감한 반응을 보이기도 했다(have a chip on their shoulder about it).

홍콩은 '동양의 진주(Pearl of the Orient)'로 불린다. 진주는 조개 몸속으로 들어간 자극물에 대한 방어 메커니즘에 따라(according to a defense mechanism against an irritant) 분비물이 탄산칼슘 층을 침전시켜(deposit layers of calcium carbonate) 염증을 감싼(seal off the irritation) 것이 굳어진 것이라고 한다. 홍콩을 머금고 있는 중국은 나중에 무엇을 토해낼까?

---

* agitator : 선동가, 운동가
  It is unjust to label him as a mere agitator. (그를 단순한 선동가라고 부르는 것은 부당하다.)

* bridgehead : 교두보, 유리한 위치
  You should hold this bridgehead until another offensive.
  (또 다른 공세 때까지 이 교두보를 확보하고 있어야 한다.)

* subvert : 와해시키다, 전복시키다, 무너뜨리다
  The rebel schemed to subvert the current government.
  (반군은 현 정부를 전복시킬 계획을 세웠다.)

Idioms & Synonyms 관용구 & 동의어

• hand out : 나눠주다, 배포하다

- He brought in a sack of presents and handed out gifts to kids.
  (그는 선물 보따리를 가지고 가서 어린이들에게 선물을 나눠줬다.)

» 동의어 : give out, pass out

- The teacher gave out the exam papers. (선생님께서 시험지를 나눠주셨다.)
- She will pass out copies to everybody. (그녀가 모두에게 복사물을 배포할 것이다.)

• take pride in : ~을 자랑하다, 자랑스럽게 생각하다

- They take pride in their school. (그들은 자신들의 학교를 자랑스럽게 여긴다.)

» 동의어 : be proud of, pride oneself on

- She may well be proud of her son. (그녀가 아들을 자랑스러워하는 것은 당연한 일이다.)
- We pride ourselves on being efficient and polite in the service we offer.
  (우리는 우리가 제공하는 서비스의 효율적이고 친절한 점에 대해 자랑스럽게 생각한다.)

• take to the streets : 가두시위에 나서다

- Many people took to the streets against the inequitable food distribution system.
  (많은 사람들이 불공평한 식량 분배 체계에 반대하는 가두시위에 나섰다.)

• back down from : 포기하다, 철회하다

- He will not back down from his plan. (그는 자신의 계획을 포기하지 않을 것이다.)

• have a chip on one's shoulder : 싸움을 걸려고 하다, 적대적 성향을 보이다

- When he is drunk, he always has a chip on his shoulder. (그는 술에 취하면 늘 싸움을 건다.)

What to do for Muslims to go to Heaven?
무슬림이 천국에 가려면?

중동, 아랍, 이슬람, 무슬림은 동일어가 아니다. 중동은 아라비아 반도 주변과 이란을 아울러 통칭하는 지리적 명칭(geographical name)이고, 아랍은 아랍어 사용 국가들, 이슬람은 마호메트를 신봉하는 종교적 개념(religious concept), 무슬림은 이슬람교 신도들을 말한다.

이란은 중동 국가이지만 아랍어가 아닌 이란어를 쓰기 때문에 아랍 국가는 아니다. 파키스탄, 인도네시아, 브루나이 등은 이슬람을 믿지만, 중동 국가도 아랍 국가도 아니다. 모로코, 알제리, 튀니지 등은 아프리카 국가들이지만 아랍어를 사용하기 때문에 아랍에 포함된다.

무슬림들은 너무너무 순수하고 착하다고(be ingenuous and good-

---

* ingenuous : 순진한, 천진한
  She puts out an air of ingenuous beauty. (그녀에게선 백치미가 풍긴다.)

* radical : 급진적인, 과격한
  They suggested a radical solution to the problem. (그들은 그 문제에 과격한 해결 방법을 제시했다.)

hearted) 한다. 그런데 왜 이슬람국가(IS) 같은 과격 테러 조직(radical terrorist cell)이 생겨난 것일까. 어째서 그리 잔혹한 짓을 저지르는(commit such cruelties) 것일까.

일부가 이슬람에 극단적으로 심취해(be extremely absorbed in Islam) 기독교 세력의 21세기 십자군운동, 미국을 필두로 한 외세 침략에 과도한 종교적 신념(excessive religious conviction)으로 맞서고 있는 것이라고 한다.

이슬람에도 천국(heaven) 개념이 있다. '순교'를 하면(suffer martyrdom) 처녀 일흔두 명의 시중을 받으며 그야말로 천당 후세를 누릴 수 있다고 믿는다. 그래서 허리에 가슴에 폭탄 두르고 자살 테러도 불사하는(be willing to commit suicidal terrorism) 것이다. 그 피에서 천국의 향기를 맡는다고(smell the fragrance of paradise) 한다.

이슬람국가(IS) 세력이 시리아의 쿠르드족 밀집 지역 코바인을 목전에 두고 주춤했었다(get cold feet staring Kobane in the face). 여자들이 총을 들고 나섰기 때문이다. 여자들에게 차마 총격을 가하지 못해서가 아니다.

---

* absorbed : ~에 몰두한, 빠져 있는
  She seems totally absorbed in the book. (그녀는 그 책에 완전히 빠져 있는 것 같다.)

* martyrdom : 순교, 순교자적 고통
  It was the first act of revenge for the martyrdom of Osama bin Laden.
  (그것은 오사마 빈 라덴의 순교에 대한 첫 보복 공격이었다.)

이슬람에선 순교를 하면 천당에 가는데, 여자에게 죽음을 당하면 천당에 가지 못한다는 믿음이 있어서다. 하루 다섯 차례 메카를 향해 제아무리 머리를 조아렸더라도 '말짱 도루묵'이 된다(go completely down the drain). 이런 종교적 믿음을 간파한(see through the religious belief) 쿠르드족 여성들이 총을 들고 나선 것이다.

사람을 죽이기 위해서가 아니다. 여자가 쏜 총에 맞아 죽어 천당에 못 갈까 봐 겁을 내게 하고(strike fear into their hearts), 붙잡힐 경우 강간 참수당하기 전에 자살하기 위해서다. 이런 사생결단의 싸움(life-and-death struggle)에 나선 여성이 만여 명에 이른다.

전투 현장에 투입되면 으스스한 함성을 내질러(issue a chilling war cry) "여기 총 쏘는 여자들 있다. 너희 우리한테 죽으면 천당 못 간다"고 엄포를 놓는다(utter empty threats). 소총과 수류탄을 부여잡고(clutch their rifles and hand grenades) 쪽잠을 자는(have a snatch of sleep) 이 여성들이 잠들기(drift off to sleep) 전에 자기네끼리 하는 농담이 있다고 한다.

"이번 전쟁 우리 여자들 덕분에 승리로 끝나면 앞으로 설거지는 영원히 남자들에게 시키는(make men do the washing-up for evermore) 것으로 합시다."

---

* utter : 소리를 내다, 말을 하다
  They were so shook up they couldn't utter a word. (그들은 목이 너무 메어 아무 말도 하지 못했다.)

Idioms & Synonyms 관용구 & 동의어

• be willing to : 기꺼이 흔쾌히 ~하다

- You have to be willing to learn from failures. (실패에서 기꺼이 배우려고 해야 한다.)

» 동의어 : be ready to

- He seems to be ready to sanction the use of force. (그는 무력 사용을 승인하려고 하는 것 같다.)

• get cold feet : 무서워하다, 주눅 들다, 용기를 잃다

- He was going to ask her, but he suddenly got cold feet and said nothing.
(그는 그녀에게 물어보려고 했지만, 갑자기 겁이 나서 아무 말도 하지 못했다.)

» 동의어 : be in a funk of

- Students are in a funk of their teacher. (학생들은 선생님에게 겁을 먹고 있다.)

• go down the drain : 수포로 돌아가다, 헛수고가 되다, 도산하다

- I'm afraid everything may get washed away and go down the drain.
(나는 모든 것이 씻겨 나가버려 헛수고가 돼버릴까 봐 두렵다.)

» 동의어 : go amiss, go to pot

- If nothing goes amiss, we'll be able to finish it in a week.
(잘못되는 것이 없으면 일주일 내에 끝낼 수 있을 것이다.)
- He wasted his money on useless things, and finally went to pot.
(그는 쓸데없는 것들에 돈을 낭비했고, 결국 파산하고 말았다.)

• see through : 간파하다, 빤히 알다

- You don't fool me. I can see through your tricks.
(나를 우롱하지 마라. 네 속임수를 빤히 알 수 있으니까.)

• drift off to sleep : 서서히 잠이 들다

- I didn't hear the storm. I must have drifted off to sleep by then.
(나는 그 폭풍우 소리를 듣지 못했다. 그때쯤엔 잠이 들었던 모양이다.)

Paleolithic diet
구석기 다이어트

가장 안전한 성형 방법은 다이어트라고 한다. 하지만 식습관 바꾸기는 종교 바꾸는 것보다도 어렵다. 'a piece of cake(식은 죽 먹기, 누워서 떡 먹기)'로 되는 게 아니다. 비만은 '모럴(도덕)'의 문제(a moral problem)가 아니라 '오럴(입)'의 문제(an oral problem)다.

'구석기 다이어트'가 관심을 끌고 있다. 약 250만 ~ 1만 년 전 동굴에 살았던 혈거인(caveman)들은 짐승을 사냥하고 물고기를 잡아먹었다. 열매들을 따 먹으며 끼니를 때웠다. 구석기 다이어트 옹호자들은 인간의 신체는 당시 이후 거의 변하지 않았는데 현대사회에선 너무 많은 가공, 편의식품(processed and convenience foods)을 먹고 있다며, 수렵 채집인(hunter-gatherer)이었던 혈거인처럼 먹는 것이 체중 감량과 건강에 좋다고 말한다.

그들은 심장병, 당뇨병, 암과 같은 질환들에 시달리는(suffer from disorders like heart disease, diabetes and cancer) 것은 현재의 우리 식습관 형태와 선사시대의 몸이 맞지 않아 비롯된(arise from the incompatibility between our current forms of diet and our prehistoric anatomy) 것이라고 주

장한다. 우리 몸이 석기시대 인간들과 생물학적으로 동일하니까(be biologically identical to Stone Age humans) 혈거인의 식습관으로 돌아가야 한다는(revert to the cavepeople's diet) 얘기다.

곡물, 콩 종류, 유제품, 정제설탕, 술, 가공 기름(grains, legumes, dairy products, refined sugar, processed oils) 등은 피하고, 사냥과 채집으로 얻을 수 있는 육류, 생선, 달걀, 채소, 과일, 뿌리, 견과류 등만 먹자고 한다. 우리 몸의 소화기 계통(digestive system)이 거기에 맞게 돼 있다는 것이다.

그러나 진화생물학자들에 따르면 우리 몸은 다양한 유전자(varied genes)가 제각각 다른 속도로 계속 변화돼(constantly evolve at different rates) 왔다. 혈거인과 현대인이 유전자상으로 똑같다고 볼 수 없다. 단지 구석기 다이어트는 인스턴트 음식이나 패스트푸드를 먹는 것보다 나을(come out on top) 뿐이다. 다른 건강식과 비교해 더 좋다는 구체적 증거(hard evidence)는 없다. 오히려 칼슘, 철분, 섬유질의 하루 권장량(the recommended daily amount)에 미치지 못할 수 있다. 고단백질, 저탄수화물 섭취 비율을 초래해

---

* revert : 되돌아가다, 다시 하기 시작하다
  After a while, he reverted to the subject. (잠시 후 그는 주제로 되돌아갔다.)

* varied : 다양한, 여러 가지의
  He has a long and varied career. (그는 장기간의 다양한 경력을 갖고 있다.)

(bring about a high protein, low carbohydrate intake ratio) 높은 콜레스테롤, 심장질환, 암, 신장 손상(kidney damage)을 유발할 위험도 있다.

탄수화물에 대한 비판을 널리 알리고 있는데(promulgate the diatribe against carbohydrates), 바로잡아 말하자면(set the record straight) 곡물과 콩 종류 등은 심장병, 당뇨, 암 위험을 낮춰주는 비타민, 무기물, 엽산, 마그네슘, 칼륨의 영양 덩어리(a nutritional powerhouse)다. 영양학자들은 혈거인이 지금 산다면 되레 곡물과 콩 종류를 식단에 끼워 넣으려 할 것이라고 말한다. 황제 다이어트부터 종이컵 다이어트까지 일시적 유행 다이어트(fad diet)는 셀 수 없이 많다. 무수히 많다는 건 정답이 없다는 얘기다. 어쨌든 모든 다이어트는 '본인의 말을 먹는(eat your words, 식언하다 · 약속한 말을 지키지 않다)' 순간 끝난다.

---

* promulgate : 널리 알리다, 공포하다
  The government promulgated anti-discrimination laws. (정부는 차별방지법을 공포했다.)

* diatribe : 비판, 비난
  Nobody was willing to hear a diatribe about the failed economic policies.
  (어느 누구도 실패한 경제정책에 대한 비난을 들으려 하지 않았다.)

* fad : (일시적인) 유행
  Long hair for men turned out to be a passing fad.
  (남자들의 긴 머리는 일시적 유행이었던 것으로 드러났다.)

Idioms & Synonyms 관용구 & 동의어

- be identical to : ~와 동일한
  - His answer is identical to mine. (그의 답은 내 답과 일치한다.)
  - » 동의어 : be equal to
  - Current assets are equal to long-term debt. (유동자산과 장기 부채 액수가 같다.)

- revert to : 되돌아가다, 다시 하기 시작하다
  - You have to try not to revert to your old eating habits. (예전 식습관으로 되돌아가지 않도록 노력해야 한다.)
  - » 동의어 : get back to
  - You'd better try to get back to normal as soon as possible. (가능한 한 빨리 정상으로 되돌아갈 수 있도록 노력하는 것이 좋겠다.)

- come out on top : 이기다, 1등을 하다, 발군(拔群)이다
  - Survival of the fittest; it means that the fittest come out on top and survive. (적자생존이란 가장 적응을 잘 한 것들이 이기고 살아남는다는 것을 의미한다.)

- set the record straight : 일반적으로 알려진 사실을 바로 잡다
  - She underlined that she exposed it in order to restore the truth and set the record straight. (그녀는 진실을 되찾고 사실관계를 바로 잡기 위해 그것을 폭로하게 됐음을 강조했다.)

Contradiction of moderate voters
중도층 유권자의 모순

어느 선거에 비쩍 마른 후보(a skinny candidate)와 배불뚝이 후보(a potbellied one)가 출마했다. 한 유권자에게 어느 쪽에 투표할 것인지 물었다. 배가 불룩한(have a bulging belly) 쪽에 표를 던지겠다는(cast a ballot) 답이 돌아왔다. 이유가 허탈하다(be hollow).

"배가 빵빵하니까(be bloated) 먹어도 덜 먹지 않겠느냐."

선거 때마다 부동층의 향배(the drift of swinging voters)가 주목을 받는다. 부동층의 상당수는 중도 유권자(moderate voter)다. 위선적 구호에서 자

---

* skinny : 깡마른, 비쩍 여윈
  You are too skinny. You'd better put on some weight.
  (너는 너무 말랐다. 체중을 좀 늘리는 게 좋겠다.)

* potbellied : 올챙이배의, 배가 불룩 나온
  The potbellied man is my boss. (배가 불룩 나온 사람이 우리 회사 사장이다.)

* bloat : 부풀다, 불룩 나오게 하다
  Her stomach began to bloat. (그녀의 배가 부풀어 오르기 시작했다.)

유롭고(be free of cant) 정당들로부터 독립적이어서(be independent of political parties) 좌우 극단의 중립을 지키는(steer a middle course between the extremes of the left and the right) 계층으로 분류된다.

그러나 중도층이 오히려 더 극단적인 후보들의 부상(浮上)을 초래할(lead to the rise of more extreme candidates) 수 있다는 연구 결과가 나왔다. 미국 버클리대학교 연구팀에 따르면 각종 여론조사는 다양한 정치적 견해를 가진 유권자들을 온건한 견해를 가진 사람들로 혼동한다(mistake voters with diverse political opinions for people with moderate ones). 광범위한 쟁점들에 대한 입장을 물어본(ask them for their position on a wide range of issues) 뒤 응답들을 좌우 코드로 분류하고, 왔다 갔다 하는 대답을 한 이들을 중간층으로 평균화하여(have them average to the middle) 중도로 분류한다(label them as moderate).

그러나 개별적인 응답들을 파헤쳐보면(drill down into their individual answers) 극단적 내용이 적지 않다. 가령 "모든 토지를 국유화해 가구당 구성원 수에 따라 재분배하자", "일하지 않는 자는 먹지도 못하게 법제화하자"는 등 양극성 견해들을 가진 사람도 여론조사에선 상쇄 영향 때문에(owing to the counterbalancing effect) 중도로 구분된다. 문제는 이렇게 중도로 분류된 유권자들이 온건, 중도적 후보를 지지하지 않는다는 사실이다. 실상은 유권자 본인의 성향이 중도가 아니기 때문이다.

많은 국가가 선거제도 개혁을 시행해(implement election reforms) 당파주의자들로부터 선거 과정을 떼어내고(wrest the process away from partisans) 일반 유권자들이 중도적 정치인들을 선출할 수 있는 장치를 만들었지만(empower average voters to elect the moderate politicians) 그 효과가 미미한 것은 이 때문이다. 공개 예비선거, 비당파적 구획조정, 선거비용 공공관리(open primary elections, nonpartisan redistricting, public funding of elections) 등을 도입해도 중도적 후보들에게 표가 별로 분산되지 않는다.

지지 후보나 정당이 있는 유권자들은 정치적 본류 내에서 움직인다. 반면 일반 유권자들 중 일부는 앞뒤 재지 않고(without looking before and after) 극단적인 것도 막무가내 요구한다. 그래서 후보들이 그 표들을 잡기 위해 극단적 공약을 내거는 역류 현상이 빚어지기도 한다.

나쁜 국회의원들은 투표를 하지 않는 좋은 사람들에 의해 국회에 보내진다고 한다. 어느 나라에서 태어날지를 우리가 정할 수는 없지만 어떤 나라에서 살아갈지는 투표로 결정할 수 있다.

---

* implement : 시행하다, 이행하다
The government are about to implement new measures for regulating production.
(정부는 생산을 규제하기 위한 새 조치들을 시행할 예정이다.)

* wrest : 비틀어 떼다, 잡아떼다
The police officer tried to wrest the gun from the criminal's hands.
(경찰은 범인 손에서 총을 잡아 빼앗으려고 했다.)

Idioms & Synonyms 관용구 & 동의어

- mistake A with B : A를 B와 헷갈려하다
  mistake A for B : A를 B로 잘못 알다, 착각하다
  - Do not mistake sin with crime. (죄를 범죄와 헷갈려하지 마라.)
  - I think you must be mistaking me for someone else.
    (당신은 나를 다른 사람으로 오인한 것 같습니다.)

- drill down into : 자세히 살펴보다, 심층적으로 분석하다
  - You can drill down into the chart for more details.
    (차트를 면밀히 살펴보면 더 자세한 내용들을 알 수 있다.)

- wrest A away from B : A를 B에서 떼어내다, 빼앗다, 탈취하다
  - The police tried to wrest the gun away from his hands.
    (경찰은 그의 손에서 총을 빼앗으려 했다.)

- look before and after : 전후를 생각하다, 앞뒤를 재보다
  - You made the mistake without looking before and after.
    (너는 앞뒤 재보지도 않고 그런 실수를 저질렀다.)

Kim Jong-un addicted to cheese
치즈에 중독된 김정은

영국 일간지 《데일리메일》은 북한 김정은의 체중이 불어나(put on weight) 다리를 절름거리는(walk with a limp) 등 건강이 위험 상태에 있는(be at risk) 것으로 보인다며 기사에 'Is Kim Jong ill?'이라는 제목을 달았다. Kim Jong-un의 'un'을 '아픈' '병든' 뜻의 'ill'로 바꿔 아버지 김정일 이름처럼 들리게 한 것이다. 제목의 실제 의미는 '김정일인가'가 아니라 '김정(은)이 아픈가'이다.

이 신문은 김정은의 몸이 치즈에 대한 집착 때문에 부풀어 올랐다고(balloon due to an obsession with cheese) 진단했다. 스위스 유학 시절 치즈에 맛을 들인(get a taste for cheese) 김정은이 엄청난 양의 치즈를 수입해 잔뜩 먹어대고 있다는(gorge on them) 것이다. 죽은 할아버지 김일성처럼 뚱뚱하게 보이기 위해 일부러 살을 찌우고 있다고는(deliberately gain weight

---

* limp : 다리를 절뚝거리다, (손상이 생겨) 느릿느릿 움직이다
  He limped painfully off the field. (그는 고통스럽게 다리를 절뚝거리며 경기장 밖으로 나갔다.)

in a bid to look like his corpulent late grandfather) 하지만, 위태로울 정도로 많은 치즈 섭취(dangerously high consumption of the cheese)가 건강을 심각한 지경에 이르게 했다는 얘기다.

스위스의 구멍 송송 난 치즈 에멘탈을 유달리 좋아하는(be partial to Emmental) 김정은은 음식 전문가 세 명을 프랑스 국립유가공기술학교의 유제품 생산 집중교육 코스(a crash course in dairy production)에 보내려 했다. 최고의 맛을 내는 치즈 생산에 계속 실패하자(continually fail to produce a top-shelf cheese) 현지에 가서 배워 오라고 지시했던 것이다. 그러나 해당 학교가 정중하게, 그러나 단호하게 그 요청을 거부해(politely but firmly reject the request) 좌절됐다(die on the vine).

영국《인디펜던트》는 호전적 본능(belligerent instincts)을 가진 김정은이 치즈 좋아하는 것을 빗대 'cheese-eating surrender monkey'라고 표현했다. '항복해라, 치즈 먹는 원숭이야'의 어순이 바뀐 것으로, 오백여 종의 치즈를 생산하는 프랑스인들을 경멸적으로 지칭하는 용어(a pejorative term

---

* corpulent : 뚱뚱한, 비대한, 살찐
  Overeating made him corpulent. (과식으로 인해 그는 비만해졌다.)

* belligerent : 호전적인, 적대적인, 공격적인
  They didn't seem threatening or belligerent. (그들은 위협적이거나 호전적으로 보이지 않았다.)

for French people)다. 'surrender monkey'로 줄여 부르기도 하는 이 표현은 만화영화 〈심슨 가족(The Simpsons)〉에 처음 등장했으며, 2003년 미국의 우익 언론인(right-wing journalist) 조너 골드버그가 영국, 미국의 이라크 공격에 반대하던(oppose the Anglo-American invasion of Iraq) 자크 시라크 전 프랑스 대통령을 풍자하면서 널리 알려졌다.

《누가 내 치즈를 옮겼을까(Who Moved My Cheese)?》라는 제목의 책이 있다. 두 마리의 생쥐와 '헴'과 '호'라는 두 꼬마 인간이 미로(迷路, a maze)에서 치즈를 찾아가는 네 가지 반응 방식을 그린 내용이다. 두 생쥐에 이어 결국 '호'도 치즈를 찾아 미로 속으로 들어가지만, '헴'은 '누가 내 치즈를 옮겼을까' 되뇌기만 하며 제자리에 머문다. 얼마 후 엄청난 양의 치즈를 발견한 '호'는 굶어 죽어가는(starve to death) '헴'의 거처로 돌아가 '변하지 않으면 사멸한다(become extinct)'고 벽에 써놓고 떠난다. '치즈 먹는 원숭이'는 언제쯤에나 이 말뜻을 깨달을까.

---

* pejorative : 경멸적인, 멸시하는 듯한, 비난 투의
I did not mean to be pejorative. (경멸적인 의미로 얘기한 것이 아니다.)

* maze : 미로, 종잡을 수 없이 복잡한 것
Scientists tested the ability of rats to go through a maze.
(과학자들은 미로를 빠져나가는 쥐들의 능력을 실험했다.)

Idioms & Synonyms 관용구 & 동의어

- put on weight : 체중이 늘다, 살찌다
  - Men tend to put on weight in middle age. (남자들은 중년이 되면 몸무게가 느는 경향이 있다.)
  - » 동의어 : get fat, get stout
  - You will get fat if you have eyes bigger than your stomach. (과식하면 뚱뚱해진다.)
  - I can eat whatever I like and never get stout. (나는 좋아하는 것을 아무리 먹어도 살찌지 않는다.)

- walk with a limp : 절름거리며 걷다
  - He walked with a slight limp. (그는 약간 다리를 절름거리며 걸었다.)
  - » 동의어 : hobble, walk lamely
  - The old man hobbled across the road. (노인은 다리를 절며 길을 건너갔다.)
  - He was hurt and walked lamely into the police station for help. (그는 상처를 입어 도움을 얻기 위해 절룩거리며 경찰서로 들어갔다.)

- die on the vine : 좌절되다
  - The project unfortunately died on the vine. (그 계획은 안타깝게도 좌절됐다.)
  - » 동의어 : go to pieces, be frustrated
  - This is not the end of the world. Don't go to pieces. (세상이 끝난 것은 아니잖아요. 좌절하지 마세요.)
  - Don't be frustrated, we all learn by mistakes. (좌절하지 마라. 우리는 모두 잘못을 해가며 배운다.)

- become extinct : 사멸하다, 멸종되다
  - How did the dinosaurs become extinct? (공룡들은 어떻게 사멸하게 됐나요?)
  - » 동의어 : cease to exist, die out
  - A language forms, changes, and ceases to exist according to the passing of time. (언어는 시대 흐름에 따라 생성, 변화, 사멸한다.)
  - The species has nearly died out because its habitat was destroyed. (서식지가 파괴돼 그 종은 거의 멸종했다.)

Is Kim Jong ill? North Korean dictator in poor health as his weight has ballooned thanks to an obsession with cheese

Kim Jong-un is putting his health at serious risk due to his dangerously high consumption of Emmental cheese, it has been claimed.

The 31-year-old North Korean leader got a taste for the cheese while a student in Switzerland - and is understood to love it so much that he imports vast quantities despite Western sanctions.
A unhealthy appetite for Emmental, also known as Swiss cheese, is believed to be a key factor in Kim's weight ballooning so in recent months that he now walks with a limp.

Experts believe Kim may be deliberately gaining weight in order to look more like his grandfather Kim Il-sung, who is venerated in North Korea as the nation's founder and even now - exactly 20 years after his death - is still considered the head of state with the title Eternal President of the Republic.

Kim Jong-un's unhealthy obsession with Emmental has led to him importing vast quantities of the cheese for his own consumption - despite millions of North Koreans struggling to find enough to eat.
Malnutrition is widespread and famines often break out in the country, which is

still reliant on foreign food aid as a result of economic mismanagement and the loss of Soviet support in the 1990s.
But despite the suffering of his 25 million citizens, Kim continues to gorge on Swiss cheese in such vast quantities that he is waistline is expanding at a dangerously rapid rate, according to the Mirror.

North Koreans who have managed to flee the country believe the weight gain may be deliberate in order to look more like his corpulent late grandfather Kim Il-sung.
He established an all-pervasive cult of personality around himself after turning North Korea into a oppressive single-party socialist state in the early 1980s.

Defector Cho Myung-Chul, of the Korea Institute for International Economic Policy, said: 'North Koreans think being fat is good, unlike South Koreans who want to be skinny.
'There is a high chance Jong-un intentionally gained weight to look like Il-sung.'

Earlier this year it was revealed that Kim tried to send a team of food experts to the French city of Besancon for a crash course in dairy production.
Tired of his country's bland attempts to produce a top quality local cheese the despot ordered the three specialists to spend several months at the National Dairy Industry College.
Although the college 'politely but firmly' rejected the request, Kim remains determined to improve standards at the country's main cheese factory.

He is understood to be furious that the Pyongyang Dairy has continually failed to produce an Emmental-style cheese of a high enough quality to satisfy his demands.
The news comes as North Korea branded the U.S. 'a graveyard of human rights', criticising the nation in the wake of the Missouri riots following the shooting of an unarmed black teenager.

China, Iran and Russia have previously criticised America following the shooting and the crackdown on protesters following the shooting in the town of Ferguson, a suburb of St Louis.

North Korea, which is regularly condemned by Washington over allegations of human rights abuses, has now added its voice to those highlighting America's flaws, saying it should 'mind its own business' rather than interfering in the other countries' internal affairs.

_《Daily Mail》, September 18, 2014

Joke & Riddle 유머 & 수수께끼

- 전문가들은 밤에는 먹지 말라고 말한다. 그럼 누가 왜 냉장고 안에 전구를 달아놓았겠느냐는 (put the light bulb in the refrigerator) 말이야. 내 말은.

- 깃털처럼 가벼운데(be as light as a feather), 세계에서 가장 힘센 사람도 1분 이상 붙잡고 있기 힘든 것은?

Answer = breath(숨)

Wise saying & Proverb 명언 & 속담

- As we work to create light for others, we naturally light our own way.
  (다른 사람들을 위해 빛을 만들어주다 보면 자연스레 나 자신의 앞길에도 빛을 비추게 된다.)

- As you make your bed, so you must lie on it.
  (네가 네 침대를 정돈하는 대로 그 상태의 침대에 눕게 된다.)
  : 뿌린 대로 거둔다(You reap what you sow)는 속담과 비슷한 뜻이다.

- Beauty is only skin deep. (미모라는 것도 알고 보면 가죽 한 꺼풀일 뿐.)
  : 신체적 아름다움(physical beauty)은 피상적인(be superficial) 것일 뿐, 내면의 아름다움이 더 가치 있다는 얘기다.

- Before criticizing a man, walk a mile in his shoes.
  (누군가를 비난하기 전에 그의 신발을 신고 1마일을 걸어보라.)

- Better late than never. (늦더라도 안 하는 것보다는 낫다.)
  : 무슨 일이든 제때(on time) 하는 것이 좋지만, 그러지 못했으면 늦게라도 하는 것이 바람직하다는 말이다.

- Better to have an enemy who slaps you in the face than a friend who stabs you in the back. (얼굴을 때리는 적이 뒤에서 찌르는 친구보다 낫다.)

- Better to light a candle than curse the darkness.
  (어둠을 저주하기보다는 촛불을 켜는 것이 낫다.)

- Beware of false knowledge; it is more dangerous than ignorance.
  (잘못된 지식을 경계하라. 그것은 무지한 것보다 더 위험하다.)

- Birds of a feather flock together. (유유상종, 끼리끼리 모인다.)
  : 사람들은 자신과 비슷한(be similar to them) 사람과 어울려 지낸다는(hang out with them) 뜻이다.

NEWS
ENGLISH 2

03

3rd News

이토록 위대한 삶

The 1% Principle

To do or to have, that is the question

An earnest request of a father-in-law

Requisites for a true friend

Notabilia at a family gathering

A letter to the children of the world

Bible verses loved even by atheists

Pope's harsh Christmas message

The 1% Principle
1퍼센트의 원리

인생을 바꾸고 싶으면(transform your life) 습관을 바꿔야(tweak your habits) 한다. 아리스토텔레스는 일찍이 서기전 300년, "우리의 존재는 우리가 반복하는 행위의 모습이다. '탁월함(excellence)'이란 단일한 행위가 아니라 습관에 의해 만들어진다"고 했다.

미국에서 출간된 《1%의 원리》라는 책은 1퍼센트씩 습관을 바꿔나가면 인생에 커다란 차이를 가져온다는(bring about a big difference) '원리'를 담고 있다. 아주 작은 변화들(tiny changes)이 성공 가능성을 엄청나게 높여준다는(massively increase the chances of success) 내용이다.

저자인 톰 오닐은 "그런데 우리는 삶의 틀에 박혀(be in a rut of life) 매일

---

* tweak : 비틀다, 수정하다, 변경하다
You just need to tweak a few things. (너는 그저 몇 가지만 수정하면 된다.)

* tiny : 아주 작은, 적은
The war started off with a tiny accident. (전쟁은 아주 작고 사소한 사건에서 시작됐다.)

매일의 일상만 그럭저럭 살아가며(muddle through) 그저 행운을 빌고(cross our fingers) 잘되기만 바란다(hope for the best)"고 지적한다. 요지는 이렇다.

「 습관을 바꾸려면 작은 목표들을 세우고 하나씩 실행에 옮겨보라(put them into practice). 하루 24시간의 1퍼센트인 14분 동안만 어떤 1퍼센트를 바꿔야 할지 생각해보라. 어떤 옷, 무슨 차를 살까는 그리 많은 시간 고민하면서, 왜 자기 인생에 대해서는 하루의 1퍼센트도 투자하지 않는가.

알람시계를 15분 일찍 울리게 하라. 30분 일찍 잠자리에 들라. 많은 게 달라진다. 탄산음료나 술을 마시지 않고 일주일을 보내본다(go for a week without fizzy drinks or alcohol). 더 이상 사용하지 않는 물건은 필요한 사람에게 준다. 덕을 베풀면서 집 안과 삶을 정돈할(set your house in order and declutter your life) 수도 있으니 도랑 치고 가재 잡기다.

현재 하는 일의 좋은 점 세 가지를 꼽아본다. 그리고 10년 후에 하고

---

* fizzy : 거품이 나는, 탄산의
It is a fizzy drink, isn't it? (그것은 탄산음료 아닌가요?)

* declutter : 복잡한 문제를 없애다, 해결하다, 정리하다
Spend a minute cleaning out a drawer and decluttering your wallet.
(책상 서랍 청소하고 지갑 정리하는 데 1분만 써라.)

싶은 일이 무엇인가 적어본다. 그 꿈을 이루기(make the dream come true) 위해 지금 해야 할 것 하나를 정한다. 책상 서랍을 하루에 하나씩 정리 정돈한다(tidy one drawer a day). 지난 12개월을 되돌아보는 시간을 갖는다(take time to reflect on the past 12 months). 좋았던 때와 나빴던 때(highs and lows), 성공과 실패(successes and failures)를 가려본다. 정말 살아 있다는 느낌이 들(feel really alive) 때는 언제였는지, 그런 느낌을 다시 가지려면 어떻게 해야 할지 되짚어본다.

사소한 일에 격하지(get excited over trifles) 말고 무시하는 법을 배워라(learn to ignore them). 작은 것들에도 웃고, 실수와 실패도 즐기는 법을 배워라. 완벽주의자(perfectionist)가 되지 말라. 도달할 수 없는 것을 찾아(in search of the unattainable) 헤매게 해 고단하게 한다. 목표를 향해 다음의 1퍼센트를 내딛는 것에만 집중하라(focus on taking the next 1 percent step towards your destiny). 안 될 것이라는 모든 이유는 잊어버리고, 될 것이라는 이유 하나만 믿어라.

인생은 자동차 핸들과 같아서(be like a steering wheel) 살짝만 움직여도 방향이 완전히 바뀐다(change the entire direction). 여기서 1퍼센트만 틀어도 저 끝에 가서는 천양지차다. 다만 어디로 가야 할지 정해야 한다. 어디로 갈지 모르는데 어떻게 가야 할지 어찌 알겠나.

---

* trifle : 하찮은 것, 사소한 것
Don't be disappointed about such a trifle. (그런 하찮은 일에 낙심하지 마라.)

Idioms & Synonyms 관용구 & 동의어

- in a rut : 틀(판)에 박혀
  - Any suggestion which is in a rut will be rejected.
  (틀에 박힌 제안은 어떤 것이든 거절당할 것이다.)

- muddle through : 그럭저럭 해내다, 타개해나가다
  - They may be able to muddle through the next five years like this.
  (그들은 향후 5년 동안도 이렇게 그럭저럭해나갈 수 있을 것이다.)

- cross one's fingers : 행운을 빌다, 축원하다
  - We'd better cross our fingers and just wait for the result.
  (우리는 기원을 하며 그저 결과를 기다리는 편이 낫겠다.)
  » 동의어 : wish (sb) all the best(good luck)
  - I wish you all the best in the New Year! (새해에 행운을 빈다.)

- put into practice : 실행에 옮기다, 실천하다
  - What matters is how you put it into practice in your life.
  (중요한 것은 당신이 그것을 어떻게 실행에 옮기느냐는 것이다.)
  » 동의어 : carry out, carry into execution
  - We have to carry out the project within five days. (우리는 그 프로젝트를 5일 내에 실행해야 한다.)
  - They immediately carried the plan into execution. (그들은 그 계획을 즉각 실행에 옮겼다.)

- come true : 이루어지다, 실현되다
  - You have to do your best to make your dreams come true.
  (네 꿈을 이루기 위해선 최선을 다해야 한다.)

To do or to have, that is the question
해보느냐 갖느냐, 그것이 문제로다

"To be or not to be, that is the question(사느냐 죽느냐, 그것이 문제로다)."

셰익스피어 비극의 주인공 햄릿의 독백(soliloquy)이다. 그런데 미국 코넬대와 콜로라도대 연구팀은 'To do or to have'라는 화두를 던졌다(bring up a conversation topic). 다양한 경험이냐, 물질적 소유(diversified experiences or material possessions)냐, 그것이 인생 행복에 문제라는 것이다.

연구팀은 경제적 선택이 '웰빙'에 상당한 영향을 미친다고 입을 모은다(join in the chorus). 경험적 구매(experiential purchase)와 물질적 구매(material purchase) 중 돈을 주고 무언가를 '하는' 것이 물건을 사서 '갖는'

---

* diversified : 다양한, 각양각색의
  There are diversified opinion on the issue. (그 사안에 대해서는 다양한 의견이 있다.)

* experiential : 경험에 의한, 경험상의
  There is no substitute for direct personal experiential learning.
  (직접적인 개인 경험상의 배움을 대체할 것은 없다.)

것보다 더 큰 행복감을 준다고 한다. 가령 같은 값이라면 고급 시계나 보석을 사느니 가족과 함께 여행을 가거나 영화, 음악회, 스포츠 경기를 보러 다니는 것이 삶의 질을 높여준다는(improve the quality of life) 얘기다.

쌓이는 물질적 재화의 증가(the increase in our stocks of material goods)는 정신적, 신체적 웰빙에 이렇다 할 도움이 거의 되지 않는다(produce virtually no measurable gains in our psychological or physical well-being). 더 큰 집, 더 멋진 차를 산다고 해서 행복도 그만큼 커지는 것은 아니다. 성경에서도 '사람의 생명이 그 소유의 넉넉함에 있지(consist in the abundance of possessions) 아니하니라(누가복음 12장 15절)'라고 했다.

물질주의적인 사람(materialistic person)은 주관적 행복감(subjective feeling of happiness)과 삶에 대한 만족도(level of satisfaction with life)가 낮은 경우가 많다. 우울증에 빠지기 쉽고(be prone to depression) 피해망상

---

* virtually : 사실상, 거의
It is virtually impossible. (그것은 사실상 불가능하다.)

* materialistic : 물질주의적인, 유물론적인
She is a very materialistic woman. (그녀는 매우 물질주의적인 여자이다.)

* subjective : 주관적인, 개인적인
Everyone's opinion is bound to be subjective. (모든 사람들의 견해는 주관적일 수밖에 없다.)

을 보일 가능성이 높다(be likely to be paranoid). 사회 비교에 취약한(be vulnerable to social comparisons) 탓이다. 남이 2억 원을 받고 자신은 1억 원을 받을 바에야 남은 2500만 원 자신은 5000만 원 받기를 원한다. 내가 얼마 버느냐가 아니라 남에 비해 얼마 더 받느냐에 집착하기에, 행복할 틈이 없다.

이에 비해 인생 경험에 투자를 하는 사람은 그런 달갑지 않은 비교에 연연할 필요가 없다. 경험이라는 독특한 속성 때문에(owing to the unique nature of experience) 견주어보거나 비교당할 대상이 없어 평온하다. 더 큰 집도 집이고 더 멋진 차도 그냥 차이다. 시간이 흐르면 물질은 별로 중요하지 않다.

경험은 시간이 갈수록, 쌓이면 쌓일수록 인생을 훨씬 풍요롭게 한다(make our life a lot richer). 경험은 물질적 소유물에 비해 사회적 가치가 더 높다(have more social value than material possessions). 사회적 관계가 다양해져 행복을 느낄 기회도 많아지고, 다른 사람들과 경험을 나누다 보면 사회적으로 더 환영받는(be more socially acceptable) 존재가 된다. 그런데 속에 든 건 없으면서 겉으로 가진 것들에 대해서만 떠들어대고 으스대는(bang on and boast about their possessions) 사람은……, 시쳇말로 '진상'이라는 소리 듣는다.

Idioms & Synonyms 관용구 & 동의어

• bring up : (화제를) 꺼내다

- Let's bring it up at the next meeting. (다음 회의 때 그 얘기를 꺼내봅시다.)

» 동의어 : broach, touch on

- I was afraid of broaching the subject of money to them.
  (그들에게 돈 얘기를 꺼내는 것이 두려웠다.)
- He was only able to touch on a few aspects of the problem.
  (그는 그 문제의 몇 가지 측면에 대해 간단히 언급할 수 있었을 뿐이다.)

• consist in : ~에 있다

- True education does not consist in simply teaching facts.
  (참교육은 단순히 사실들을 가르치는 것에 있지 않다.)

» 동의어 : reside in, inhere in

- Happiness does not reside in strength or money. (행복은 힘이나 돈에 있지 않다.)
- The meaning which inheres in those words is not so simple.
  (그 단어들에 담겨 있는 의미는 그리 간단하지 않다.)

• boast about : ~에 대해 자랑하다

- She likes to boast about her husband. (그녀는 자기 남편에 대해 자랑하는 것을 좋아한다.)

» 동의어 : brag about, show off

- He bragged about his son's success. (그는 아들의 성공을 자랑하고 다녔다.)
- She seemed to want to show off her singing ability.
  (그녀는 노래 실력을 뻐기고 싶어 하는 듯 보였다.)

An earnest request of a father-in-law
장인어른의 간곡한 부탁

미국 한 교회에서 열린 결혼식 장면이다.

하객들 앞 왼쪽에 신부(bride), 오른쪽엔 신랑(groom)이 서 있다. 그런데 그 가운데로 한 노신사가 끼어든다(come between them). 결혼식 주례(officiator)는 아닌 것 같은데, 신랑에게 뭔가를 한참 이야기한다.

알고 보니 신랑의 장인(the groom's father in law)이 될 신부의 아버지다. 신랑이 웃다 울다 한다. 무슨 이야기를 한 것일까.

필립, 자네에게 얘기 하나를 들려주고 싶네. 얘기들이라는 게 다 그렇듯이 '옛날 옛적에(once upon a time)'로 시작한다네. 한 아버지가 있었지. 자네가 혹시 알아채지(figure it out) 못할까 봐 말하는데, 그 아버지는 바로 나일세. 그 아버지는 이미 어린 아들이 있어서 행복했지. 그런데 아내가 둘째를 임신했다는(be pregnant with her second child) 말을 들었어. 아버지는 기도했지.

'하나님의 뜻이시라면(if it's Your Will) 예쁜 딸을 주시옵소서.'

하나님이 들어주셨어. 그 녀석을 이 세상에서 맨 처음 가슴에 품는

(hold her in my arms) 행복을 누렸지.

갓 난 녀석을 바라보면서 다시 기도했어.

'제 엄마를 닮게 해주시옵소서(make her like her mother).'

다시 들어주시더군. 사랑스럽고 다정다감하고(be lovely and affectionate), 착하고 남에게 베풀기 좋아하고.

그런데 아버지인 내가 소외되는(get left out) 것 같더라고. 그래서 다시 기도했지.

'저를 닮게 해주세요.'

이번에도 응답해주시더군. 이 녀석이 트럭도 몰고 트랙터도 끌고 다니고, 건초를 실어 올리고(load hay) 담뱃잎 줄기를 뜯어내고…….

근데 아버지를 너무 닮아서 고집 세고 감정적이고 냉정적으로 되더군(become opinionated, emotional and hard-headed). 하나님께 다시 부탁드렸지.

---

* affectionate : 다정한, 애정 어린
  You'd better be more affectionate to other people this year.
  (올해엔 다른 사람들에게 좀 더 다정해지는 것이 좋겠다.)

* opinionated : 자기 의견을 고집하는, 독선적인
  It is hard to reason with an opinionated person.
  (독선적인 사람을 논리적으로 설득하는 것은 힘들다.)

* hard-headed : 냉정한, 단호한
  She is extremely hard-headed and insistent. (그녀는 정말 냉정하고 고집스럽다.)

'그건 됐습니다(be enough of that). 이제는 당신처럼 만들어주십시오.'

또 들어주시더군. 간호사가 되는 데 일생을 바치더니(give her life to being a nurse) 온갖 위험을 무릅쓰고(go through fire and water) 세계 곳곳에 의료봉사 활동을 다녔지. 죽음 문턱에서 사람들을 살려내기도 하고(bring people back from the threshold of death), 숨을 거두는(breathe their last breath) 사람들의 손을 끝까지 붙잡아주기도 했지. 마지막으로 한 번 더 기도드렸어.

'제 딸 행복하게 해주십시오.'

이번에도 또 들어주셨어. 그래서 만난 사람이 자네일세. 저 녀석 얼굴의 저 표정 보이나(see that look on her face)? 녀석이 자네를 만날 때까지 아버지인 나도 저런 표정은 한 번도 본 적이 없다네. 그래서 나는 그것이 그리 고맙네(be so grateful for that). 오늘, 나는 나에게 가장 소중했던 존재(the most precious one)를 자네에게 양보하는 것일세. 그래서 말인데, 한 가지만 명심해주게. 나와 하나님은 그 녀석의 오늘을 위해 최선을 다했다네.

한 가지만 더 충고 같은 말 해도(give you one more word of advice) 들어주겠나? 아버지인 나와 하나님 아버지가 공들이고 애써온 것을 자네가 절대 망치지 말아주기를 간절히 부탁하네(entreat you not to screw it up).」

---

* threshold : 문턱, 한계점
  You are on the threshold of the most crucial day of your times.
  (여러분은 인생에 있어 가장 중요한 날의 문턱에 서 있습니다.)

* entreat : 간청하다, 애원하다
  I entreat you to let me go. (제발 가게 해주실 것을 간청드립니다.)

Idioms & Synonyms 관용구 & 동의어

- come between : 사이에 끼어들다, 이간질하다
  - I don't want you to come between my wife and my mother.
    (내 아내와 어머니 사이에 끼어들지 좀 마라.)

- figure out : 이해하다, 알아내다
  - I can't figure out this poem. (나는 이 시를 이해하지 못하겠다.)

  » 동의어 : make out
  - I don't make out what you say. (나는 네가 무슨 말을 하는 건지 이해하지 못하겠다.)

- be grateful for : ~을 고맙게 여기다, 감사하다
  - We should be grateful for our parents' infinite love.
    (우리는 부모님의 한없는 사랑에 감사해야 한다.)

  » 동의어 : be thankful for
  - We are thankful for your support. (성원에 감사드립니다.)

- screw up : 망치다, 엉망으로 만들다
  - Drugs can screw up your life. (마약은 당신의 인생을 망칠 수 있다.)

  » 동의어 : mess up
  - Your interference messed up all my arrangements.
    (당신의 간섭이 내가 해놓은 모든 준비를 엉망으로 만들었다.)

Touching Father's Speech At Daughters Wedding – We Worked Hard, Don't Screw It Up

[Father]

Philip, I want to tell you a story. And like all good stories it starts like this. Once upon a time there was a father and in case you can't figure that out, that's me. This father has a wonderful little boy. He was very happy. Then one day, he found out his wife was going to have another baby. So I prayed, "Lord if it's Your Will… make her a little girl." And He did. I was the first person to hold her in my arms. And I looked at her and said, Lord make her like her mother. And He did. She was loving and giving and so good and so kind. But then I realized I was getting left out. So I said, "Lord, make her like me." And He did. She could drive a truck and a tractor. She could load hay and chew tobacco. Do you realize what you're getting? But at the same time, she was opinionated. Emotional and hard-headed. :) So I said, Lord that's enough of that! Make her like YOU. And He did.

[Father]

He gave her the desire to serve people. She loves people. She gave her life to being a nurse. She's brought people back from the dead. And she's held the hand of people who have breathed their last breath. He gave her a heart for missions and she's trekked all over the world. Pushed canoes up swollen rivers. Laid on the floor as bullets whizzed outside. So she could tell people about Jesus. But still something was missing. So I said Lord, "Make her happy." and she met you. You see that look on her face? I never saw that, until she met you. And I'm grateful for that. Today I'm giving you the best thing I have to give. And I just wanted you to know before I do that... how hard me and God has worked to get her ready. So Phil [Philip], as I give her to you, I don't think you'll mind if I give you one more word of advice. Me and God's worked hard... Don't screw it up. :)

_《LYBIO》

Joke & Riddle 유머 & 수수께끼

- 내가 아빠한테 "본인의 잘못들을 포용해야 한다"고 하자, 아빠는 눈에 눈물이 그렁그렁해졌다(have tears in his eyes). 그러더니 내 누나와 나를 껴안으셨다(hug my sister and me).

- 일곱 글자로 된 영어 단어로, 앞으로 읽으나 뒤로 읽으나 똑같은 것은?

Answer = racecar(경주용 자동차)

Requisites for a true friend
진정한 친구의 조건

진정한 사랑도 드물지만(be rare), 진정한 우정은 더욱 귀하다. 사랑은 눈이 멀어버리는(become blind) 거지만, 우정은 눈을 감아주는(close their eyes) 것이라고 한다.

참된 친구는 나의 모든 약점과 치부(all my weaknesses and embarrassing personal facts)를 알면서도 그런 나를 좋아해준다. 살짝 금이 간(be slightly cracked) 걸 알면서도 '좋은 달걀(a good egg=좋은 사람)'로 대해준다. 영국에서 성인 2000명을 상대로 조사한 결과 진짜 친구의 특성 열 가지가 꼽혔다. 대부분 뻔한 사실(plain truths)이지만 실천하기는(put them into practice) 말처럼 쉽지 않은 것들이다.

---

* embarrassing : 쑥스러운, 당혹스러운
What could be more embarrassing than this? (이보다 더 창피스러운 게 뭐가 있겠니?)

* plain : 분명한, 숨김없는, 있는 그대로의
His guilt is as plain as the nose on his face. (그에게 죄가 있다는 것은 명백하다.)

진짜 친구는 우선 말을 잘 들어주고 당신에게 솔직한 의견을 준다(give me an honest opinion). 고민을 털어놔도(get something off your chest) 듣는 둥 마는 둥(listen to me in an absent sort of way) 의례적으로 애매한 대꾸를 하는(perfunctorily give a vague response) 친구는 '절친'이라 할 수 없다.

진정한 친구는 오랜 시간 침묵이 흘러도 전혀 어색하지 않다(be never awkward). 대화가 끊어졌을 때 침묵을 깨야 한다는(break the hush) 부담감이 느껴지지(feel burdened) 않아야 정말 친구 사이다. 절친은 내가 슬픔이나 절망에 빠졌을(be lost in grief or fall into despair) 때 기대어 울 수 있는 어깨를 내어주는(provide a shoulder to cry on) 존재다.

사려 깊은 친구는 어떠한 경우에도(in every possible case) 내 뜻을 믿고 따라주고, 깊은 비밀을 철저히 지켜준다(thoroughly keep my deep secrets).

---

* perfunctorily : 아무렇게나, 형식적으로
He just nodded perfunctorily. (그는 그저 형식적으로 고개만 끄덕일 뿐이었다.)

* vague : 애매한, 모호한, 어렴풋한
He gave me a vague answer. (그는 나에게 모호한 대답을 했다.)

* awkward : 어색한, 곤란한, 서투른
There was an awkward silence. (어색한 침묵이 흘렀다.)

아무리 오랜 기간 만나지 못하더라도 그동안 변하는 게 아무것도 없다. 그러다가도 내가 뭔가를 절실히 필요로 하면(be crying out for something) 자신의 예정된 계획을 바꿔서라도 곤경에 처한 나를 도와준다(change their fixed plans to help me out).

아무 말 하지 않았는데도 내가 울적하고 우울해한다는(feel down in the dumps) 것을 알아챌 수 있을 만큼 교감이 이뤄지는(exchange consensus) 친구가 진짜 친구다. 급하면 새벽 4시에라도 전화를 걸(call up at 4 a.m.) 수 있고, 당장에라도 뛰어나와줄 친구.

미국 '토크쇼의 여왕' 오프라 윈프리는 "내 리무진에 함께 타고 싶어 하는(want to ride with me in the limo) 사람은 많다. 하지만 나는 리무진이 고장났을(break down) 때 나랑 함께 버스를 타줄 친구를 원한다"고 말한 적이 있다.

미국 작가이자 언론인이었던 에드거 하우는 "원수를 사랑하는(love your enemies) 것도 좋지만, 그럴 시간 있으면 당신 친구들에게 조금만 더 잘하라(treat your friends a little better)"고 했다.

진실한 친구 한 명은 만 명의 친인척보다 낫다는(be more worthy than ten thousand relatives) 말이 있다. 우정은 바지 속에 오줌을 누는 것과 같다고(be like peeing in your pants) 했다. 누구나 보면 알기는 하지만, 그 안의 따스함을 느낄(feel the warm feeling inside) 수 있는 건 본인들뿐이다.

Idioms & Synonyms 관용구 & 동의어

- get something off one's chest : 털어놓다, 토로하다
  - When I met her, I wanted to get my feeling off my chest.
    (그녀를 만났을 때 나는 솔직히 내 느낌을 털어놓고 싶었다.)
  - » 동의어 : give vent to one's thoughts, lay bare one's heart
  - He gave vent to his thoughts when he was asked to say how he felt.
    (어떻게 느끼냐는 물음을 받고 그는 심경을 토로해버리고 말았다.)
  - Tomorrow I'll lay bare my heart to her. (내일 나는 그녀에게 심중을 털어놓으려 한다.)

- listen to (a person) in an absent sort of way : 듣는 둥 마는 둥 하다, 건성으로 듣다
  - He listens to me in an absent sort of way. (그는 내 말을 듣는 둥 마는 둥 한다.)
  - » 동의어 : pay little attention to
  - You cannot understand it, because you pay little attention to it.
    (네가 건성으로 들으니까 이해할 수 없는 거다.)

- be lost in : ~에 빠져 있다, ~에 잠기다
  - He seems to be lost in deep thought. (그는 깊은 생각에 빠져 있는 것 같다.)
  - » 동의어 : be immersed in, be absorbed in
  - They were immersed in conversation in the corner.
    (그들은 한쪽 구석에서 대화에 몰두해 있었다.)
  - He is absorbed in only one thing. (그는 한 가지 일에만 빠져 있다.)

- be crying out for : ~을 절실히 필요로 하다, ~을 간절히 원하다
  - The company is crying out for fresh new talent. (회사는 새로운 인재를 절실히 필요로 하고 있다.)
  - » 동의어 : be in dire need of, be eager for
  - We're in dire need of your help. (우리는 당신의 도움이 절실히 필요하다.)
  - If you are eager for success, you have to study hard.
    (성공을 갈망한다면 열심히 공부를 해야 한다.)

Notabilia at a family gathering
가족 모임에서 주의해야 할 것들

명절이 좋은 이유는 잠시나마 세상살이 시름 내려놓고(be relieved of mundane worries even for a little while) 온 가족이 한데 모여 회포를 풀(unburden yourselves) 수 있어서다. 서로 격려하고(pat on the back) 염려도 해주며 정을 나눈다(share feeling).

그런데 세파에 시달리며(go through the hardships of life) 온갖 사연을 안고 살다 보니 자칫 사소한 말 한마디에 의를 상하기도(fall out over a trifling word) 한다. 그래서 가족 모임(family gathering)에서도 해야 할 것과 해서는 안 될 것들(dos and don'ts)이 있다.

가족 모임을 끔찍하지 않은 즐거운 시간이 되도록 하려면(in order

---

* mundane : 속세의, 일상적인
  He wanted to escape from his mundane life. (그는 일상적인 삶에서 벗어나고 싶었다.)

* pat : 가볍게 치다, 토닥거리다
  His mother patted the boy on his shoulder. (그의 어머니는 소년의 어깨를 토닥여줬다.)

to make the family reunion joyful instead of awful) 가족 역시 사회와 마찬가지로 온갖 종류의 집합(a mixed bag)이라는 사실을 명심해야(keep it in mind) 한다. 내 형제자매도 다른 생각, 거슬리는 행동을 할 수 있다.

흔한 함정(common pitfall) 중 하나가 기분 좋게 얘기하다가 과거 문제를 끄집어내거나(bring up past problems) 옛 상처를 되살리는(rehash old hurts) 것이다. 지나간 일이라도 새로운 불화의 불씨(an apple of discord)가 될 수 있다. 그런 조짐이 보이면 누군가가 나서서 얘기를 끝내거나 화제를 바꿔야 한다.

잘했느니, 잘못했느니, 다른 이의 인생 선택에 대해 집적거리는(tease about someone's life choices) 것도 가족 간 다툼을 일으킬(cause a family row) 수 있다. 서로의 다른 관점을 유념하고 존중해줘야(be mindful and respectful of each other's different points of view) 한다.

비아냥거리거나 빈정대는 말(teasing remarks and innuendos)은 모두들

---

* pitfall : 함정, 위험
  You have to be careful of a hidden pitfall. (당신은 숨겨진 함정에 유의해야만 한다.)

* rehash : 거의 그대로 되풀이하다, 재탕하다
  We don't need to rehash it. (우리는 그것을 그대로 되풀이할 필요가 없다.)

웃어넘기는 실없는 농담(a horse biscuit)일지라도 당사자에겐 앙금으로 남을(be leftover as bitter feelings) 수 있다. 진심으로 생각해서 충고해주는 말이라고 하지만, 하지 않는 편이 낫다. 큰 스트레스와 반감만 줄(bring a great deal of stress and bad feelings) 뿐이다.

정치 얘기도 피하는 게 좋다. 특히 술을 마시면서 시국에 대해 논하는(discuss the current state of affairs) 것은 금물이다. 가족의 화목에 아무 도움 안 되는(do little to contribute to the family concord) 불필요한 말다툼으로 번지기 십상이다(be likely to get into unnecessary arguments). 다른 견해를 갖고 있다고 서로 타박하다가는(tell off each other for having different beliefs) 짜증으로 터지려던(blow up in a tantrum) 다른 감정들까지 함께 폭발할 수 있다.

명절 때 모인 장소가 부모님 댁이든, 형님·오빠 집이든 돌아올 땐 꼭 고마움을 표시해야 한다. 알게 모르게 당신들의 많은 것을 희생하셨을(spoil themselves a lot) 테니까 말이다.

돌려보내는 입장에서도 고맙고 대견하게 여길 일이다. 달랑 사과 한 상자 들고 왔다 가더라도, 어려운 형편 말 못 할 사정 감추고 웃는 낯에 와준 것만도 그들에겐 쉽지 않은 일이었을 수 있으니까.

---

* spoil : 망치다, 버려 놓다
They didn't want to spoil the work. (그들은 그 일을 망치고 싶지 않았다.)

Idioms & Synonyms 관용구 & 동의어

- be relieved of : ~에서 벗어나다, 면하다, 해임되다
  - He was finally relieved of heavy burdens. (그는 마침내 중책에서 벗어나게 됐다.)

- fall out over : ~로 사이가 틀어지다
  - They fell out over trifles with one another. (그들은 하찮은 일들로 사이가 틀어졌다.)

- an apple of discord : 분쟁의 씨앗, 불화의 원인
  - The right to host the Olympic Games became an apple of discord between the two countries. (올림픽 개최권이 양국 간 불화의 씨앗이 됐다.)

- tell off : ~에 대해 호통치다, 야단치다
  - Father told me off for smoking. (아버지는 내가 담배를 피운다고 호통을 치셨다.)
  » 동의어 : reprimand, rebuke, scold, chide
  - Don't reprimand the child too harshly. (아이를 너무 심하게 야단치지 마라.)
  - He strongly rebukes her for her conduct on that occasion. (그는 그때 그녀의 처신에 대해 강력히 나무랐다.)
  - If you scold your child too much, he will lose confidence. (애를 너무 꾸짖으면 기가 죽게 된다.)
  - You should never chide people for admitting to error. (실수를 인정하는 사람을 결코 책망해서는 안 된다.)

A letter to the children of the world

세계 어린이들에게 보내는 편지

수많은 어린이가 세계 곳곳에서 희생되거나(fall victims) 학대를 당하고 있다(be abused). 그래서 미국 조지타운대학교 랜덜 앰스터 박사가 신문에 기고한(contribute to a newspaper) 글이 새삼 관심을 끈다. 제목은 〈어린이들에게 보내는 공개편지(An open letter to the children)〉이다.

「이 세상이 너희에겐 혼란스럽게 보일 거다(seem confusing to you). 시끄럽고, 더럽고, 생존경쟁에 허둥대는 어른들로 가득하지(be filled with adults scurrying about their rat race). 원하는 건 물어보지도 않으면서, 해야 할 일만 강요하고, 학교는 제품들 찍어내는 공장 같고…….

---

* abuse : 학대하다, 남용하다
The girl was physically and emotionally abused.
(그 여자아이는 신체적, 정신적으로 학대를 당했다.)

* scurry : 종종걸음을 치다, 허둥지둥 가다
He scurried away like a scolded puppy. (그는 마치 혼꾸멍난 강아지마냥 허둥지둥 달아났다.)

예전엔 이렇지 않았단다. 서로 상처 주고(hurt each other), 주변 사람들 해치고, 그러지는 않았어. 이 모든 것이 어른들 잘못이다. 우선 미안하다는 말을 하고 싶구나.

먹고살기(make ends meet) 급급해 그런 거란다. 이래저래 할 일도 많아 세상이 너희를 어떻게 대하는지 돌아봐 줄 여유를 내지 못한단다. 삶의 흐름에 갇혀버려(get caught up in the pace of lives) 정작 중요한 것들에는 주의가 흐트러져 있지(be distracted from the really important issues). 그래서 너희 생각, 너희 목소리를 들어주지 못하는 거란다(fail to listen to your voices).

너희에게 남겨두고 갈(leave behind) 이 세상은 고치기 어려울(be hard to fix) 정도로 망가져 있어. 과거 어른들 시절엔 당연한 것으로 여겨졌던(be taken for granted) 음식, 물, 주거지 등이 너희에겐 점점 구하기 어렵게 될 거다. 평온한 순간, 자연 경험, 열린 공간도 얻기가 더 힘들어질(be harder to come by) 거야. 미래에 대한 희망을 가질 기회도 과거보다 많이 적어질 테고.

이 세상 어느 어린이도 사랑받지 못하고 인정받지 못한다는 느낌으

---

* distract : 산만하게 하다, (주의를) 딴 데로 돌리다
  I don't want to distract you from studying. (나는 네가 공부하는데 산만하게 하고 싶지는 않다.)

* grant : 승인하다, 허락하다, 받아들이다
  Her request was granted. (그녀의 요청은 받아들여졌다.)

로 세상 풍파에 부대끼게(go through life's vicissitudes feeling unloved or unappreciated) 해서는 안 되는데, 그걸 망각하고 오직 사는 데 급급해 매달리느라(be only preoccupied with our own lives) 그리하지 못했다. 어른들의 무심한 선택(careless choice)이 되레 어린 생명을 중노동과 열악한 환경에 몰아넣기도(push young lives into heavy labors and poor circumstances) 했지.

이 세상의 미래인 너희는 부디 세계 시민(a citizen of the world)으로 살아가기 바란다. 이 지구의 모든 너희는 서로 연결돼 있단다. 너희가 사는 데 필요한 공기, 물, 나무, 동물 등 자연의 모든 것에 연결돼 있고, 어느 날 너희가 낳을 너희 자손들도 그렇게 연결돼 살아가게 될 거다.

너희가 어른들을 용서해라. 이런 얘기 진작 해주지 못한 것, 너희 모두가 얼마나 소중한지 깨닫게 하는 끔찍한 비극이 일어날 때까지 마냥 그러고 있었던(wait until a terrible tragedy) 것, 너희에게 남기고 갈 이 세상의 미래에 보다 세심한 주의를 기울이지(pay closer attention to the future of the world) 못한 것을 용서해다오. 이 세상은 너희 것이야. 어른들이 지금 빌려 쓰고 있을 뿐이지.

너희를 사랑한다는 걸 알아주기 바란다. 그리고 지나간 과거는 고칠 수 없지만, 더 나은 미래는 함께 힘을 모아 만들어갈 수 있다는 사실을 늘 기억하며 살아가기를 바란다.

---

* vicissitude : 우여곡절, 풍파
He has met with lots of vicissitudes of life. (그는 숱한 인생 우여곡절을 겪었다.)

Idioms & Synonyms 관용구 & 동의어

- fall victim to : ~의 희생물이 되다, 사로잡히다
  - He was unfortunate enough to fall victim to a gang of thugs.
    (그는 불행하게도 범죄자 조직의 희생자가 되고 말았다.)
  - » 동의어 : fall prey to
  - She fell prey to a cyber crime. (그녀는 사이버 범죄의 희생자가 됐다.)

- rat race : 극심한 생존경쟁
  - I'd like to get out of the rat race. (나는 극심한 생존경쟁에서 벗어나고 싶다.)

- make ends meet : 겨우 먹고살다, 간신히 연명하다
  - He can barely make ends meet with his salary. (그는 월급으로 겨우 먹고산다.)

- be preoccupied with : 사로잡히다, ~로 가득차다, 골몰하다
  - She is preoccupied with anything but her studies.
    (그녀는 공부는 안 하고 다른 생각에만 사로잡혀 있다.)
  - » 동의어 : be immersed in, be engrossed in
  - He was immersed in a new computer game. (그는 새 컴퓨터 게임에 빠져들었다.)
  - Mom was engrossed in watching TV. (엄마는 TV 보는 데 정신이 팔려 있었다.)

- pay attention to : ~에 주목하다, 유의하다
  - I try not to pay attention to rumors. (나는 소문에 신경 쓰지 않으려고 한다.)
  - » 동의어 : give heed to, be mindful of
  - She gave heed to what her father said. (그녀는 아버지가 하신 말씀을 흘려듣지 않았다.)
  - You have to be mindful of side effects of the medicine. (그 약의 부작용에 유의해야 한다.)

An Open Letter to the Children

Dear Children,

I know that this world must often seem confusing to you. It's noisy, dirty and filled with adults scurrying about their busy lives without noticing you all that much sometimes. It's filled with rules and people telling you what to do, mostly without asking what you want to do. It's also a world where adults teach you about all of the dangers around you, but not as much about the wonderful, beautiful things.

You see, things weren't quite like this when we were kids. We had our rules and dangers, to be sure, but nothing like the ones you face today. Back then (which is not really that long ago), people talked to each other more, neighbors knew one another and schools were less like factories and more like playgrounds. There were less televisions, computers and phones calling for our attention, and there were more open spaces to play like kids are supposed to do.

Most importantly, it wasn't a world where it felt like people were hurting each other all the time. Today, it seems like so many of the things you see -- both real things in the news and fake things like in video games and movies -- include people hurting each other, hurting themselves and hurting the world around them. It isn't your fault that things are like this. It's the fault of us adults, and we're sorry.

I know that an apology doesn't make it all better. I also know that you might have heard some terrible things lately about children who were hurt, and even killed, at a school in Connecticut. Please know that this horrible thing has a lot of adults feeling heartbroken, and that many of us are determined to work for a world where things like this don't happen anymore.

But we can't keep everything bad from happening. Most of the adults you know are just trying to live and work in the world, but don't always control what happens in it. We have appointments to keep, messages to answer, bills to pay and chores to do. All of this leaves us little time for the things that really matter. Sadly, it leaves us little time to think about what the world is doing to all of you.

This is not an excuse for our actions. We've let ourselves get caught up in the pace of our lives, and we've become distracted from the important issues that we all need to work on together. For too long, we've ignored your ideas and failed to listen to your voices. If we had, we would better appreciate the sense of wonder and innocence that you represent, how you see things from closer to the earth than we do, how you express your emotions honestly and revel in your imaginative play.

Meanwhile, too many of us adults have looked the other way while the world we're leaving behind for you has been damaged in ways that will be hard to fix. Basic things that people have mostly taken for granted in recent years -- like food, water and shelter -- will be harder for you to find. Quiet moments, nature experiences and open spaces will be more difficult to come by. Your chance to be hopeful about the future will be less than ours was, unless...

Unless adults listen to you more and stop acting like we have all the answers. We don't. We've just learned how to exist in this world, but we need you to help us remember how to live in it. Can you help us? That might sound strange, to have adults asking you to help us, but we really need you to. In return, you can count on us to help you, by making a better world, and mostly by loving you with all our hearts.

And that means all of you, every child in the world. We can't let even one of you go through this life feeling unloved or unappreciated. This means children here in the United States, and all around the world. It means that we have to start thinking more about other people's children, and about how too many of them are being hurt every day -- sometimes even by the choices we make as adults when we buy things, ignore things or focus only on our own lives and forget about all the other people out there.

It also means that you, as the future of the world, will have to start learning right away what it means to be a "citizen of the world." You are connected to people all over the globe and in the places where you live, and this will not change. You are connected to the trees and animals, to the air and water and to everything in nature that provides us with everything we need to live. You are connected to each other, to your families and friends, to the ancestors who came before you, and to the children of your own that you will have someday. Please do not forget this. It is probably the most important thing for you to know.

Please forgive us, dear children. Forgive us for not telling you all of this sooner, for not slowing down in our busy lives and looking in our hearts long enough to speak with you rather than at you. Please forgive us for waiting until a terrible tragedy happened to realize how important you all are to us, and how irresponsible we've been by not paying close enough attention to the future of the world we're leaving for you. It's your world, after all, and we're just borrowing it.

Finally, please know that we love you. We always have and we always will. If you ever felt unloved, it's our fault and not yours. We can't fix the past, but we can work together to make a better future. It won't be easy, but it can be fun: more playing, more sharing, more listening, more friends, more love! Not only will this help you -- it will also help us adults remember what it means to be happy, healthy, safe, valued, and filled with joy for life.

Thank you, children, for reminding us of this. You are our teachers, and we are ready to learn again.

_《Daily Good》, December 14, 2014

Joke & Riddle 유머 & 수수께끼

- 물리 선생님(physics teacher)이 왜 생물 선생님과 헤어졌을까(biology teacher)?
  답은? 남녀 간의 케미(chemistry)가 맞지 않아서.

- 만드는 사람은 정작 필요로 하지 않고(have no need of it), 사는 사람에겐 쓸모없고(have no use for it), 사용하는 사람은 볼 수도 느낄 수도 없는(can neither see nor feel it) 이것은?

Answer = coffin(관)

Bible verses loved even by atheists
무신론자들도 좋아하는 성경 구절

"자신이 만든 창조물을 심판한다는(reward and punish the objects of his creation) 신을 나는 이해할 수가 없다."

"전능함을 보여주려 악마도 만들었으면, 자기가 만든 악마의 행위에도 책임을 져야 할 것 아닌가."

"어느 쪽일까. 인간이 하나님의 실수(God's blunder)일까. 하나님이 인간의 실수일까."

무신론자(atheist)들은 신의 존재를 믿지 않거나 부정한다(disbelieve or deny the existence of God). 사는 게 무서워(be afraid of living) 만든 것이 사회이고, 죽는 게 두려워(be scared to die) 만든 것이 종교일 뿐이라고 말한다.

하지만 무신론자들도 좋아하는 성경 구절(biblical verse)은 있다. 미국의 심리학자이자 작가(psychologist and writer)인 발레리 태리코가 모아봤다.

---

* blunder : 실수, 실수하다, 잘못을 저지르다
  This is the gravest blunder in my life. (이는 내 일생일대의 가장 중대한 실수이다.)

「 재단당하지 아니하려거든 재단하지 말라(Do not judge lest you be judged). / 죽고 사는 것이 혀의 힘에 달렸나니(be in the power of the tongue) 혀를 쓰기 좋아하는 자는 혀의 열매를 먹으리라. / 유순한 대답(a soft answer)은 분노를 물리치느니라(turn away wrath).

정당하고 올바른(be just and right) 것을 행하라. 빼앗긴 이들을 억압하는 자들의 손에서 구하고(rescue from the hands of the oppressor), 외지인과 고아와 과부를 괴롭히거나 학대하지 말며(do no wrong or violence to the foreigner, the orphan or the widow), 무고한 피를 흘리게(shed innocent blood) 하지 말라.

의인(the righteous)은 가난한 자를 위한 정의에 마음을 쓰나(care about justice for the poor), 악인(evildoer)은 그런 게 있는 줄도 모른다. / 두 사람이 한 사람보다 낫다. 넘어지면 그 동무를 붙들어 일으켜주려니와(lift up his fellow) …… 함께 누우면(lie together) 따뜻할진대 한 사람이면 홀로 어찌

---

* wrath : 분노, 노여움
Envy and wrath shorten the life. (시기와 분노는 수명을 단축시킨다.)

* evildoer : 악인, 나쁜 짓을 하는 사람
An evildoer refers to a person who commits profoundly immoral and wicked deeds. (악인이란 엄청나게 비도덕적이고 사악한 짓을 저지르는 사람을 말한다.)

따뜻하라(be warm alone).

네 손이 일을 얻는 대로 힘을 다하여 할지어다(do it with all your might). 네가 장차 들어갈 죽은 자들의 세계에는(in the realm of the dead) 일도, 계획도, 지식도, 지혜도 없음이니라. / 여섯 해 동안은 너의 땅에 파종하여(sow your land) 그 소산을 거두고, 일곱째 해에는 갈지 말고 묵혀두어(let it rest and lie still) 가난한 자들이 먹게 하라. 그 남은 것은 들짐승이 먹으리라. 헛되고 헛되며 헛되고 헛되니 모든 것이 헛되도다(be utterly meaningless). / 사랑은 진실돼야 하나니 악을 미워하고 선에 속하라(cling to what is good).

사랑은 온유하며(be meek and patient) 시기하거나 자랑하지(envy or boast) 아니하고 교만하거나(be haughty) 무례히 행하지(dishonor others) 아니하며 …… 언제나 참고 믿고 바라며 견디느니라(always persevere).

사람이 감당할 시험밖에는 당한 것이 없나니 오직 하나님은 미쁘사(be faithful) 너희가 감당치 못할 시험당함을 허락지(allow you to be tempted beyond what you can bear) 아니하시고 시험당할 즈음에 또한 피할 길을 내사(provide a way out) 너희로 능히 감당하게(may be able to endure it) 하시느니라.

---

* realm : 영역, 분야
  He has devoted all his life to the realm of science. (그는 과학 분야에 자신 일생을 바쳐왔다.)

* haughty : 거만한, 오만한
  He spoke in a haughty tone. (그는 거만한 말투로 이야기했다.)

Idioms & Synonyms 관용구 & 동의어

• reward and punish : 상벌을 가하다, 심판하다
- Current employment laws will be changed to reward effort and punish laziness.
(현재의 고용법은 노력하는 사람에겐 보상하고, 나태한 사람에게는 징벌을 가하는 식으로 바뀌게 될 것이다.)

• be scared to : ~하는 것을 두려워하다
- She was scared to be left home alone. (그녀는 집에 홀로 남겨지는 것이 두려웠다.)

• turn away : ~을 쫓아 보내다, 물리치다, 외면하다, 거부하다
- She didn't turn away any person in need. (그녀는 곤경에 처한 어떤 사람도 쫓아 보내지 않았다.)
» 동의어 : turn one's back on
- Turning one's back on a person implies a heartless indifference to their fate.
(사람을 외면하는 것은 그들의 운명에 대한 비정한 무관심을 의미한다.)

• shed blood : 피를 흘리다
- A man should shed blood, not tears. (남자는 피는 흘릴지언정 눈물은 흘리지 말아야 한다.)

• in the realm of : ~의 영역에서, ~의 부문에서
- Taste in art is in the realm of subjectivity. (예술에 관한 취향은 주관성의 영역에 속한다.)

Pope's harsh Christmas message
교황의 매몰찬 성탄 메시지

2014년 한국을 방문했던 프란치스코 교황, 별로라고 생각했다. 실없이 웃기나 하고(nonsensically smile)……

그런데 이분이 추기경, 주교, 사제들 면전에서(in the presence of cardinals, bishops and priests) 독설 퍼붓는(make biting remarks) 것을 보고는 머리가 숙여졌다. 성직자들조차 일부는 썩어 있다며 교황청을 15가지 질병을 앓는 인간의 몸뚱이에 비유했는데, 그 내용이 일반인들도 되새겨봐야 할(ruminate over it) 절절한 것들이었다.

「 자기는 영원불멸이고, 무엇에든 면제되고, 없어서는 안 될(be immortal, immune and indispensable) 존재라고 생각한다. 우리는 인간적 감성을 잃어

---

* biting : 가슴을 후비는, 통렬한
  His writing is famous for its biting sarcasm about politics.
  (그의 글은 정치에 대한 신랄한 풍자로 유명하다.)

버려(lose the human sensibility) 우는 사람 곁에서 함께 울어줄 줄도 모른다. 영적인 치매에 걸리고(have spiritual Alzheimer's) 지금 당장에 얽매여(depend on their here and now) 주위에 벽을 쌓고(build walls around themselves) 우상의 노예가 된다(become enslaved to the idols).

실존을 위한 정신분열증을 앓는다(suffer from existential schizophrenia). 무슨 수를 써서라도 권력을 차지하려는 욕정으로 가득해(be lustful for power at all costs) 위선적인 이중생활을 한다(lead hypocritical double-lives). 뒷담화 테러를 저지르기도(commit a terrorism of gossip) 한다. 대놓고 말할 용기(the courage to speak directly)는 없으면서 남들 등 뒤에서 지껄여대는(talk behind people's backs) 비겁한 사람들의 병(the sickness of cowardly people)을 달고 산다.

윗사람을 짐짓 찬미하는(deliberately glorify their bosses) 시늉을 한다. 상사의 환심을 사려고(in order to court their superiors), 그래서 시은(施恩)

---

* indispensable : 없어서는 안 될, 필수적인
  Cars have become an indispensable part of our lives.
  (자동차는 우리 생활에 없어서는 안 되는 일부가 됐다.)

* hypocritical : 위선적인, 가식적인
  He is deucedly clever and hypocritical. (그는 대단히 영악하고 위선적이다.)

을 받아보겠노라(get their benevolence) 출세 제일주의와 기회주의의 희생물(victim of careerism and opportunism)이 된다.

남들에게 무관심하다(be indifferent to others). 시기심과 교활함으로(out of jealousy and cunning) 남이 몰락하는 모습 보는 것에서 기쁨을 찾는다(find joy in seeing another fall). '장례식장 얼굴'을 하고는(have a 'funeral face') 아랫사람들에게 엄하고 거칠고 오만하게(be rigid, tough and arrogant toward underlings) 군다. 폐쇄적 집단을 만들고(form closed circles) 그것을 등에 업고 남들을 억압하려 한다. 그 서클의 노예가 되어 다른 사람들을 죽이고, 결국엔 그것이 본인에게도 암이 된다.

세속적 이익을 좇고(seek worldly profit), 그것을 과시하려(show it off) 한다. 남들을 짓밟고 자신의 권력을 곱절로 만들려고 끝도 없이 애를 쓴다(insatiably try to multiply their powers). 그러려니 남에 대한 중상과 비방을 일삼아(habitually do calumny and defamation against others) 이 세상을 망가뜨린다.」

교황의 적나라한 이 성탄 메시지, 모두의 폐부를 찌른다(cut all of us to the quick).

---

* calumny : 중상, 비방
It is a vile calumny and lie. (그것은 비열한 중상이자 거짓말이다.)

* defamation : 명예훼손, 중상
She sued the newspaper for defamation. (그녀는 신문사를 명예훼손으로 고소했다.)

Idioms & Synonyms 관용구 & 동의어

• **ruminate over** : ~에 대해 심사숙고하다

- You have to ruminate over the lesson. (너희는 그 교훈에 대해 심사숙고해야 한다.)

» 동의어 : meditate on, chew over

- She meditated on the day's events. (그녀는 그날 있었던 일들을 되새겨봤다.)
- The student chewed over what the teacher had said. (그 학생은 선생님이 하신 말씀을 되새겨보았다.)

• **be enslaved to** : ~의 노예가 되다

- Everybody is apt to be enslaved to a habit. (누구나 습관의 노예가 되기 쉽다.)

» 동의어 : be seized with

- He was seized with sexual passion. (그는 성욕의 노예가 되고 말았다.)

• **suffer from** : ~로 고통받다

- His mother suffers from chronic back pain. (그의 어머니는 만성 요통으로 고통받고 있다.)

» 동의어 : be afflicted with, be pestered by

- She was afflicted with a lot of liabilities. (그녀는 많은 빚으로 시달렸다.)
- The Prime Minister has been pestered by reporters for days. (총리는 기자들에게 며칠 동안 시달렸다.)

• **talk behind one's back** : 뒷전에서 ~의 험담을 하다, ~에 대한 뒷담화를 하다

- Talking behind somebody's back is a nasty thing to do. (뒤에서 남을 욕하는 것은 비열한 짓이다.)

» 동의어 : speak ill of

- You should not speak ill of others behind them. (뒷전에서 다른 사람들 험담을 해서는 안 된다.)

• **be indifferent to** : ~에 무관심한, 신경을 쓰지 않는

- The President was completely indifferent to the public opinion. (대통령은 여론에 전혀 귀 기울이지 않았다.)

» 동의어 : be insensitive to, be inattentive to

- He was totally insensitive to her feelings. (그는 그녀의 감정 따위에는 전혀 무신경했다.)
- The government is inattentive to the homeless. (정부는 노숙자들에게 무심하다.)

A list of Pope Francis' 15 "Ailments of the Curia" delivered in his Christmas address

VATICAN CITY – Pope Francis listed 15 "ailments" of the Vatican Curia during his annual Christmas greetings to the cardinals, bishops and priests who run the central administration of the 1.2-billion strong Catholic Church. Here's the list.

1) Feeling immortal, immune or indispensable. "A Curia that doesn't criticize itself, that doesn't update itself, that doesn't seek to improve itself is a sick body."

2) Working too hard. "Rest for those who have done their work is necessary, good and should be taken seriously."

3) Becoming spiritually and mentally hardened. "It's dangerous to lose that human sensibility that lets you cry with those who are crying, and celebrate those who are joyful."

4) Planning too much. "Preparing things well is necessary, but don't fall into the temptation of trying to close or direct the freedom of the Holy Spirit, which is bigger and more generous than any human plan."

5) Working without coordination, like an orchestra that produces noise. "When the foot tells the hand, 'I don't need you' or the hand tells the head 'I'm in charge.'"

6) Having 'spiritual Alzheimer's.' "We see it in the people who have forgotten their encounter with the Lord … in those who depend completely on their here and now, on their passions, whims and manias, in those who build walls around themselves and become enslaved to the idols that they have built with their own hands."

7) Being rivals or boastful. "When one's appearance, the color of one's vestments or honorific titles become the primary objective of life."

8) Suffering from 'existential schizophrenia.' "It's the sickness of those who live a double life, fruit of hypocrisy that is typical of mediocre and progressive spiritual emptiness that academic degrees cannot fill. It's a sickness that often affects those who, abandoning pastoral service, limit themselves to bureaucratic work, losing contact with reality and concrete people."

9) Committing the 'terrorism of gossip.' "It's the sickness of cowardly people who, not having the courage to speak directly, talk behind people's backs."

10) Glorifying one's bosses. "It's the sickness of those who court their superiors, hoping for their benevolence. They are victims of careerism and opportunism, they honor people who aren't God."

11) Being indifferent to others. "When, out of jealousy or cunning, one finds joy in seeing another fall rather than helping him up and encouraging him."

12) Having a 'funereal face.' "In reality, theatrical severity and sterile pessimism are often symptoms of fear and insecurity. The apostle must be polite, serene,

enthusiastic and happy and transmit joy wherever he goes."

13) Wanting more. "When the apostle tries to fill an existential emptiness in his heart by accumulating material goods, not because he needs them but because he'll feel more secure."

14) Forming 'closed circles' that seek to be stronger than the whole. "This sickness always starts with good intentions but as time goes by, it enslaves its members by becoming a cancer that threatens the harmony of the body and causes so much bad — scandals — especially to our younger brothers."

15) Seeking worldly profit and showing off. "It's the sickness of those who insatiably try to multiply their powers and to do so are capable of calumny, defamation and discrediting others, even in newspapers and magazines, naturally to show themselves as being more capable than others."

_《Fox news》, December 22, 2014

Joke & Riddle 유머 & 수수께끼

- 한 남자가 신용카드를 도둑맞은(be stolen) 사실을 알게 됐다. 하지만 경찰에 신고하지 않았다. 신용카드를 훔쳐간 도둑이 마누라보다 훨씬 덜 쓰고(spend considerably less than his wife) 있었기 때문이다.

- key는 여럿 있는데 자물쇠는 없다. space는 있는데 방은 없다. enter할 수는 있는데 밖으로 나올 수는 없다. 무엇일까.

Answer = keyboard(키보드)

Wise saying & Proverb 명언 & 속담

- Blood is thicker than water. (피는 물보다 진하다.)
  : 피의 점도(粘度)와는 상관없는(have nothing to do with its viscosity) 것으로, 가족 간 유대가 외부인들과의 그것보다 끈끈하다는 의미.

- Bloom where you are planted. (당신이 심어져 있는 곳에서 꽃을 피워라.)
  : 새로운 것으로 다시 시작하는(start over with something new) 것보다 이미 하고 있는 것을 더 키워나가는 것이 낫다는 말이다.

- Do not follow where the path may lead. Go instead where there is no path and leave a trail. (길이 이끄는 대로 따라가지 마라. 길이 없는 곳으로 가서 거기에 자취를 남겨라.)

- Don't bit the hand that feeds you. (당신을 먹여주는 손을 깨물지 마라.)
  : 자신을 도와주는 사람에 대해 나쁜 말을 하거나(say bad things about them) 노하게 하지(make them angry) 않도록 조심해야 한다는 뜻이다.

- Don't change horses in midstream. (물 한가운데서 말을 갈아타지 마라.)
  : 어떤 일을 추진 중이거나 위기를 맞았을 때 지도자 또는 자신의 기본 입장(basic position)을 바꾸지 않는 것이 낫다는 말이다.

- Don't let the grass grow under your feet. (네 발밑에 풀이 자라도록 하지 마라.)
  : 부지런히 움직여야지, 게으름을 피우면 안 된다는 뜻이다.

- Don't put all your eggs in one basket. (모든 달걀을 한 바구니에 담지 마라.)
  : 모든 돈이나 시간을 한 가지 계획에 쏟아붓는 위험을 무릅쓰지 말고(do not risk all of your money or time in one plan) 대안을 갖고 있어야(have a backup plan) 한다는 의미다.

- Dream as if you'll live forever, live as if you'll die today.
  (영원히 살 것처럼 꿈꾸고, 오늘이 마지막 날인 것처럼 살아라.)

NEWS ENGLISH 2

04

4th News

아는 것이 힘

'Nut return' and the goddess of the sky Nut

Mythical medical common sense

An enemy disguised as a friend, frenemy

Truth and myths in airplanes

Know-hows for effectual haggling

Dictator game

When my body yearns for something

Warnings by virus experts

How to keep cool at tropical nights?

Cautions for hypermarket-goers

The evils of alcohol

Penalty kick, the reason why it is unfavorable for goalkeepers

2014, the first year of the 21st century?

Late-night snack and junk food

‘Nut return’ and the goddess of the sky Nut

‘땅콩 리턴’과 하늘의 여신 Nut

대한항공 회항을 빗댄 ‘땅콩 리턴’을 외신은 ‘nut row’, ‘nut rage’, ‘nut rumpus’ 등의 표현을 써서 보도했다. nut는 ‘견과(堅果)’, row는 ‘다툼’, rage는 ‘격노’, rumpus는 ‘소동’이란 뜻이다. 사태의 발단이 된 것은 땅콩(peanut)이 아니라 마카다미아(macadamia)였는데, 통칭 견과류라는 nut로 썼다.

nut는 견과라는 뜻 외에 너트(암나사), 속어로는 머리, 괴짜, 미친 사람, 광(狂), 남성 생식기 고환 등의 의미로도 쓰인다. 그런데 n을 대문자 N으로 한 Nut는 이집트신화에 나오는 ‘하늘의 여신(goddess of the sky)’이다. 결국 nut 때문에 한국의 Nut가 row를 벌이다 rage해서 rumpus를 일으켰다는 것이 이번 사태의 얼개다.

이집트 창조신화(Egyptian creation myth)에 나오는 Nut는 공기, 대기(大氣)의 신(神)인 슈(Shu)와 습기의 여신(goddess of moisture)인 테프누트의 딸이다. Nut는 원래 밤하늘(nighttime sky)의 여신이었는데, 결국 낮과 밤을 모두 아우르는 하늘의 여신이 됐다. Nut는 죽은 사람의 친구이자 보호자인

신으로도 여겨졌다. 사람들은 Nut가 죽은 사람들을 별이 가득한 그녀의 하늘로 이끌어(draw the dead into her star-filled sky) 감싸 안고 모든 악에서 보호해준다고(enfold and protect them from all evils) 믿었다.

그래서 죽은 이집트인의 석관(石棺) 뚜껑 안쪽에는(on the inside lid of the sarcophagus) 검은 칠을 하고 수많은 별을 그려놓았는데, 이는 Nut를 형상화한 것이다. Nut가 태양의 신과 연관돼 있어 매일 아침 새로 뜨는 태양처럼 죽은 자가 부활할 것이라는 종교적 믿음(the religious belief in the resurrection of the dead)도 줬던 것이다.

Nut는 오빠인 땅의 신 게브(Geb)와 결혼해(mate with her brother, god of the earth) 다섯 자녀를 낳았다(give birth to five children). 그런데 그 과정에

---

* enfold : 안다, 감싸다
  The two lovers enfolded and their shadows became one.
  (두 연인은 서로 껴안았고, 그들의 그림자는 하나가 됐다.)

* lid : 뚜껑
  Put the lid back on after you have used it. (사용하신 후에는 뚜껑을 닫아주십시오.)

* sarcophagus : 돌로 된 관(棺), 석관
  Archaeologists found a large limestone sarcophagus.
  (고고학자들이 석회석 재질의 거대한 석관을 발견했다.)

* resurrection : 부활
  All stories are about death and resurrection. (모든 이야기가 죽음과 부활에 관한 것들이다.)

서 태양의 신인 라(Ra)가 Nut의 자식들이 자신의 자리를 찬탈할 것을 우려해 Nut와 게브의 근친상간을 용납할(approve of their incest) 수 없다는 명분으로 둘(하늘과 땅)을 갈라놓았다. 그리고 그 사이에 공기, 대기의 신 슈로 하여금 끼어들게(interpose himself between them) 했다.

태양의 신 Ra는 또 Nut가 어느 해 어느 날에도 자식을 낳지 못하게 천형을 내렸다. 당시의 1년은 360일이었다. 이에 절망한 Nut는 지혜의 신(god of wisdom) 토트를 찾아가 하소연했다. 그러자 토트는 달의 신 콘스에게 내기를 제의, 자신이 이기면 달빛을 받기로 했다. 그러곤 판판이 내기에서 이겨 5일 낮을 추가로 만들 수 있는 달빛을 따내(get enough moonlight to make 5 extra days) 1년을 365일로 늘려놓았고, Nut는 그 5일을 이용해 자식을 낳을 수 있었다고 한다.

하지만 하늘과 땅으로 갈라진 천형은 어쩌지 못해 Nut와 게브는 천양지간(天壤之間) 별거를 하게 됐다. 그래서 둘은 아무도 몰래 저 먼 곳에서 이따금 얼굴을 비비며 정을 나누는데, 그곳이 지평선이란다.

'go nuts over~'는 '~에 미치다, 광분하다'라는 뜻이다. 말하자면 이번 '땅콩 리턴'은 'The Korean Nut went nuts over nuts' 해서 벌어진 일이다.

---

* incest : 근친상간
  They are against abortion, even in cases of rape or incest.
  (그들은 강간이나 근친상간인 경우에도 낙태에는 반대하는 입장이다.)

Idioms & Synonyms 관용구 & 동의어

- mate with : 짝짓기하다, 교미하다
  - Do foxes ever mate with dogs? (여우가 개와 짝짓기를 하기도 하나요?)

- give birth to : 낳다, 출산하다
  - She is expected to give birth to a baby next month. (그녀는 내달 해산할 예정이다.)
  - » 동의어 : be delivered of, bear
  - She was delivered of a healthy boy. (그녀는 건강한 사내아이를 출산했다.)
  - She was not able to bear children. (그녀는 아이를 낳을 수 없었다.)

- approve of : ~을 승인하다, ~에 찬성하다
  - He did not approve of it. (그는 그것을 승인하지 않았다.)

- interpose between : ~을 중재하다, ~사이에 끼어들다
  - I don't interpose myself between the opponents in a quarrel. (나는 다투고 있는 둘 사이에 끼어들고 싶지 않다.)
  - » 동의어 : intervene between
  - Mother had to intervene between her two kids who were quarreling. (엄마는 싸우고 있는 두 아이 사이에 개입해야 했다.)

- go nuts over : ~에 미치다, 광분하다
  - The kids went nuts over the soccer game. (아이들은 그 축구 경기에 광분했다.)

Mythical medical common sense
사실과 다른 의학상식

의학상식 중 사실과 다른(be not consistent with the facts) 것들이 있다. 그래서 의사 본인들은 그런 상식과 반대로 한다(do the opposite). 논란의 여지가 있지만(be controversial), 참고삼아 살펴보자.

통증이 있을 경우, 아픈 부위에 뜨거운 찜질을 해주라고(apply a hot pack to the affected area) 한다. 그것은 사실이 아니다. 얼음으로 해야 한다. 열은 혈류를 증가시키고 혈관이 확장되게 해(increase blood flow and make blood vessels dilate) 근(筋)경련을 감소시킨다(reduce muscle spasms). 그러나 잠깐 통증이 가라앉는 것 같지만, 오히려 열은 염증을 악화시킨다(aggravate inflammation). 그에 반해서(by contrast) 얼음은 혈관을 수축시켜 염증 물질

---

* dilate : 확장하다, 커지다
When there is less light, the pupils in our eyes dilate. (빛이 적어지면 우리 눈의 동공이 확장된다.)

* spasm : 경련, 쥐, 발작
He felt a painful muscle spasm. (그는 고통스러운 근육 경련을 느꼈다.)

을 몰아내게(squeeze it out) 한다. 이후 다시 확장된 혈관은 새 피를 공급, 통증과 염증이 줄어들게 한다.

여자는 하루에 8잔(1.6리터), 남자는 10잔(2리터) 물을 마셔야 한다며 억지로 물을 마시는 사람들이 있다. 하지만 여기서 말하는 '물'은 커피, 차 등 음료와 음식 국물 등도 포함하는 것이다. 순수한 물로 그 정량(the required quantity)을 마셔야 한다는 얘기가 아니다.

아침식사가 체중 감량(weight loss)에 도움 된다는 것도 사실과 다르다(be at variance with the facts). 몸의 신진대사를 촉진해 칼로리를 소모시키고(kick start the body's metabolism to burn calories), 점심에 과식하지 않게 해준다는 논리인데, 아침식사를 억지로 먹지(force down the breakfast) 않아도 신진대사는 똑같이 기능한다(function just as well). 점심에 과식하게 된다는 것도 설득력 있는 증거(convincing evidence)가 없다.

감기 걸렸을(catch a cold) 때 우유를 피하는 사람이 있다. 유제품은 콧물이 더 나게 해(increase nasal mucus) 콧물 흐르는 코를 악화시킨다는

---

* aggravate : 악화시키다, 조장하다
It will only aggravate the situation if you butt in. (네가 끼어들면 상황을 더욱 악화시킬 뿐이다.)

* nasal : 코의, 콧소리의
In the nasal cavity air is purified, moistened and warmed.
(코 안쪽의 비강에서 공기는 정화되고, 촉촉해지고, 따뜻해진다.)

(make a runny nose worse) 이유에서다. 이것 또한 낭설이다. 우유를 줄일(cut back on milk) 이유가 없다. 우유는 비타민과 미네랄 등 필수영양소(essential nutrients)가 풍부해 식욕 없을(be off your food) 때 도움이 된다.

체질량지수(BMI, Body Mass Index)는 그리 믿을 게 못 된다. 체중(kg)을 키(m)의 제곱으로 나눠(divide your weight by your height squared) 비만도를 측정하는데, 체지방을 정확히 가늠하지 못한다(fail to accurately assess the body fat). 근육질이 비만한 사람으로 분류되기도(be classed as obese) 한다.

문제는 허리둘레(waist circumference)다. 내장지방(visceral fat)이 주요 위험 요소(a key risk factor)다. 그래서 요즘은 BMI에 허리둘레도 감안하는 체형지수(ABSI, A Body Shape Index)가 각광받고 있다. 허리둘레/BMI×2/3×키×1/2로 계산해 남성은 1.0, 여성은 0.8 이하를 유지해야 정상 체형이다. 허리 주변 둥그렇게 튀어나온(be protruded from the circle of waist) '배둘레햄'을 '러브 핸들(love handle)'이라 한다. 얄궂은 어원과는 역설적으로 이 핸들이 커질수록 사랑 만들기는 더 힘들어진다.

---

* visceral : 내장(內臟)의, 본능적인
Visceral fat lies deeper inside the abdomen. (내장지방은 복부 안쪽 깊숙한 곳에 위치해 있다.)

Idioms & Synonyms 관용구 & 동의어

- be consistent with : ~와 일치하는, ~에 지장 없는
  - What he does is not consistent with what he says. (그의 행동은 그의 말과 일치하지 않는다.)
  - » 동의어 : coincide with, be in accordance with
  - His views coincide with mine. (그의 견해는 나와 일치한다.)
  - Her principles aren't in accordance with the others'.
    (그녀의 원칙들은 다른 이들의 그것과 일치하지 않는다.)

- by contrast : 그에 반해서, 대조적으로
  - By contrast, new apartments become more expensive.
    (그에 반해 새 아파트들은 더 비싸지고 있다.)

- be at variance with : ~와 불일치하는, 사이가 좋지 않은
  - His statement is at variance with the truth. (그의 진술은 사실과 일치하지 않는다.)

- force down : 억지로 먹다, 억지로 마시다
  - Don't force it down your throat. (그것을 억지로 삼키지 마라.)

- cut back on : ~을 줄이다
  - They've decided to cut back on spending. (그들은 지출을 줄이기로 결정했다.)
  - » 동의어 : cut down on
  - They need to cut down on eating out. (그들은 외식을 줄일 필요가 있다.)

An enemy disguised as a friend, frenemy
친구로 가장한 적(敵), 프레너미

'frenemy'라는 단어가 있다. '친구'와 '적(敵)'의 혼성어(a portmanteau of 'friend' and 'enemy')다. 'frienemy'로 쓰기도 한다. 말 그대로, 친구인 척하는 (pretend to be a friend) 적, 친구이면서 라이벌인 상대를 일컫는 표현이다. 프레너미(frenemy)가 가장 많은 곳은 직장(workplace)이다. 공(公)과 사(私)가 뒤얽힌 관계(intertwined relationship)가 매일 반복되는 곳이기 때문이다. 상대는 직장 상사일 수도, 동료 또는 후배일 수도 있다. 직장 생활이 어렵고 피곤한 건 업무량보다 친구로 가장(假裝)한 적(enemy disguised as a friend)들 탓이다. 서로 이롭거나 의존적인(be mutually beneficial or dependent) 관

---

* disguise : 위장하다, 꾸미다
It is quite wrong to try to disguise the fact. (사실을 위장하려고 하는 것은 대단히 잘못된 것이다.)

* implicitly : 암암리에, 암묵적으로
The report implicitly questioned his competence.
(보고서는 암암리에 그의 능력에 대한 의문을 제기했다.)

계를 이어가지만, 위험과 불신으로 차 있고(be fraught with risk and mistrust), 암암리에 경쟁하는(implicitly compete with each other) 적이다.

프레너미는 다른 사람에게 우호적인(be friendly toward another) 척하지만, 속으로는 분노와 경쟁심을 품고(harbor feelings of resentment or rivalry) 있다. 친구임을 극구 주장하지만(purport to be a friend) 뒤에선 험담하고 모함을 한다(talk behind your back and slander you).

프레너미는 정신적 피로(mental fatigue)를 주는 데 그치지 않고 건강까지 해친다(harm your health). 불합리한 직장 상사와 같은 혐오스러운 인물들(aversive persons such as an unreasonable boss)도 혈압을 오르게 한다(raise blood pressure). 하지만 혈압을 가장 많이 오르게 하는 이들은 양면적 관계(ambivalent relationship)의 프레너미들이라고 한다.

---

* purport : 주장하다, 칭하다
  He purported to be the thief. (그는 자기가 도둑이라고 주장했다.)

* slander : 모함하다, 중상모략하다, 비방하다
  She tried to slander him at every chance. (그녀는 기회가 있을 때마다 그를 모함하려고 했다.)

* aversive : 혐오스러운
  She showed an aversive reaction to sex. (그녀는 성관계에 대해 혐오스럽다는 반응을 보였다.)

영국과 덴마크 연구팀에 따르면, 프레너미 범주에 들어가는(fall into the category of frenemy) 사람들 이름만 들어도 혈압이 급등하는 것으로 조사됐다. 목소리를 들려주거나 얼굴을 대면시키지 않고, 단지 같은 방에 그 사람이 있다는 말만 들려줘도 혈압을 솟구치게 하는(cause blood pressure to spike) 것으로 조사됐다. 심지어 옆방에 있다는 소리에도 혈압이 급격히 올라갔다. 연구팀은 이러한 프레너미 압박감이 지속되면 건강에 심각한 영향을 미쳐 사망 위험(mortality risk)으로까지 이어지고, 최악의 경우엔(in the worst case) 제명에 죽지(die a natural death) 못하는 요절(夭折)을 불러올(contribute to an early death) 수도 있다고 말한다.

'fair-weather friend'라는 표현이 있다. '날씨 갠 날의 친구', 좋은 시절엔 친구 하다가 곤란에 처하면 나 몰라라 하는 친구를 말한다. 믿지 못할 친구인 'false friend'는 그림자 같아서(be like your shadow) 햇살 아래선 붙어 다니다가(keep close to you) 그늘 속으로 넘어가는 순간 야멸스럽게 떠나버린다(pitilessly leave you the instant you cross into the shade).

두 얼굴의 프레너미는 이들보다 훨씬 험하고 얄궂은 존재다. 그저 곁을 떠나는 데 그치지 않고 짓밟아 못 일어나게 해놓고 간다. 직장 생활 애환을 다룬 드라마 〈미생〉이 인기를 끌었던 것은 프레너미의 본색과 실상을 고스란히 보여줬기 때문이다.

Idioms & Synonyms 관용구 & 동의어

- pretend to : ~인 척하다, ~인 체하다
  - Don't pretend to be a fool. (멍청한 척하지 마라.)
  - » 동의어 : act as if ~
  - Just act as if nothing happened. (아무 일도 없었던 것처럼 행동해라.)

- be fraught with : ~투성이인, ~로 가득 찬
  - It was a time fraught with difficulties and frustration.
    (그때는 어려움과 좌절감에 가득 차 있던 시기였다.)

- compete with : ~와 겨루다, 경쟁하다
  - There was no way he could compete with her. (그가 그녀와 경쟁할 방법은 없었다.)
  - » 동의어 : contend with, vie with
  - Let us not contend with one another in this way. (이런 식으로 서로 대결하지 말자.)
  - The street was full of cars vying with each other for parking spaces.
    (그 거리는 주차 공간을 확보하려고 경쟁하는 차들로 가득했다.)

- fall into : ~에 속하다, ~로 나뉘다
  - The problems generally fall into two categories. (그 문제들은 일반적으로 두 부류로 나뉜다.)

- contribute to : ~에 기여하다, ~을 야기하다
  - The pitcher is expected to contribute to the team. (그 투수는 팀에 기여할 것으로 기대되고 있다.)

Can frenemies harm your health? Study finds HALF our acquaintances fall into category

We may have more frenemies – people we both love and hate – than we realise, and they may be harming our health, researchers have warned. Experts say on average about half of our social network consists of people we have, as they put it, an 'ambivalent relationship' with.

They say the stress of these relationships is harming our health.
'It is rare to encounter someone who doesn't have at least one ambivalent relationship,' Julianne Holt-Lunstad at Brigham Young University in Utah, told the BBC.

They found, as expected, highly 'aversive' persons such as an unreasonable boss raised blood pressure more than the 'supportive' group.
However, blood pressure actually rose the most for the ambivalent ties, such as an overbearing parent.

Further research by Holt-Lunstad showed that blood pressure rose even when the participants were merely exposed to subliminal triggers that reminded them of the 'ambivalent' social contact, like flashing the person's name on a screen.
'Even when the other person is just in another room in the lab, they have higher

blood pressure and higher levels of anxiety,' Holt-Lunstad told the BBC.
'It's just the anticipation of having to interact with them.'

Previously a Danish study also found worries, conflicts and demands in relationships with friends, family and neighbors may contribute to an earlier death.
Men and people without jobs seemed to be the most vulnerable, Rikke Lund, a public health researcher at the University of Copenhagen, and her colleagues found.

'Conflicts, especially, were associated with higher mortality risk regardless of whom was the source of the conflict,' the authors write. 'Worries and demands were only associated with mortality risk if they were related to partner or children.'

The health-protecting effects of support from a social network and close connections with family and friends are widely recognized, Lund's team writes in the Journal of Epidemiology and Community Health.
'Less is known about the health consequences of stressful aspects of social relations, such as conflicts, worries and demands,' they write.

Holt-Lunstad doesn't want people to get the impression from this study that ending all imperfect relationships is the right thing to do.

'Not all relationships are equal – we need to be careful about the negative aspects as well,' she said.
'We know that social isolation is bad for us as well,' she said.
'They're probably both bad and that's why it might be important to foster the positive aspects rather than just focusing on cutting people out of your life.'

_《Evoke》, November 27, 2014

Truth and myths in airplanes
비행기 안의 진실과 거짓

비행기 이착륙 중에는(during take off and landing) 전자 기기 전원 끄라는(turn off your electronic devices) 다그침을 받곤 했다. 항법 장치에 교란을 일으킨다는(interfere with navigational equipment) 이유였다. 그러나 일부 항공사는 그런 근거 없는 믿음을 깨트리고(put paid to the myth) 비행시간 내내(through the duration of flights) 전자 기기 사용을 허용하기 시작했다.

비행기에서 술 마시면 더 빨리 취한다는(get drunk more quickly) 것도 과학적 근거(scientific basis)가 없다. 기내 압력이 해발 이천사백여 미터에서 숨 쉬는 정도로 맞춰져 있어 산소가 적은 편인데, 그 때문에 더 취한 것처럼 느껴질 뿐이다. 화장실 변기는 귀가 먹먹할 정도의 소리와 함께 엄청난 흡인력(an awful suction with deafening roar)을 보인다. 그래서 앉은 채 물을 내리면(flush while sitting down) 엉덩이가 빨려 들어가 꼼짝 못하게 된다는

---

* take off : 이륙하다, 도약하다, 흉내내다
  Will the plane take off on time? (비행기가 제시간에 이륙할까요?)

(get stuck on it) 설이 있다. 사실 그 정도 까지는 아니니다. 무리 없이 일어날 수 있다. 아랫도리만 잘 챙기면 된다.

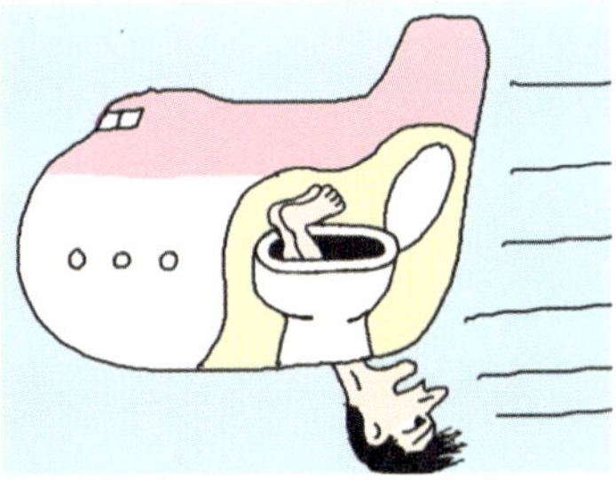

사람 분뇨를 공중에서 버려(dump human waste mid-air) 타버리게 한다는 것도 낭설(a false rumor)이다. 하늘에서 떨어져 맞은 '파란 얼음'이 변기 물에 첨가된 화학제에 의해 파란색으로 바뀐 분뇨라고 주장하는 사람이 있는데, 새똥인 것으로 밝혀진(turn out to be bird droppings) 경우가 대부분이다.

돌아버린(go nuts) 승객이 비상구를 열면 탑승객 모두 기체 밖으로 빨려 나가게(be sucked out of the plane) 될 것을 우려하기도 한다. 그런 염려는 할 필요가 없다. 기내와 기체 밖 압력 차이 때문에 문을 연다는 것은 사실상 불가능하다.

기내 공기가 고여 있어 세균으로 가득 찼을(be stagnant and full of germs) 것이라고 걱정할 필요도 없다. 내부 공기는 동체 아래쪽으로 빨려 들어가(be drawn into the lower fuselage) 그중 절반은 기체 바깥으로 날아가고(be vented overboard), 나머지 분량(the remaining portion)은 여과 장치를 거친 뒤 엔진으로 흡입된 신선한 공기와 재배합돼(be re-mixed with a fresh

---

* stagnant : 고여 있는, 침체된
  Stagnant water is bound to corrupt. (고여 있는 물은 썩기 마련이다.)

supply from the engines) 다시 들어온다. 2~3분마다 반복되기 때문에 대부분의 사람 붐비는 공간보다 세균이 훨씬 적다(carry far fewer germs than most crowded spaces). 의자에 붙어 있는 접이식 테이블(tray table)이야말로 '세균 배양 접시(petri dish)'라고 한다.

산소마스크는 추락 전에 승객들을 진정시키기(keep passengers sedated before a crash) 위한 유인용 물건(a decoy)이라는 터무니없는 주장(ludicrous assertion)도 있다. 마스크로 산소를 들이마시면(inhale oxygen) 도취감을 느끼며 유순해져(become euphoric and docile) 운명을 받아들이게 된다는 것이다. 배우 브래드 피트가 출연한 영화 〈파이트 클럽(Fight Club)〉에 나오는 장면 때문에 생겨난 음모설(conspiracy theory)의 하나일 뿐, 전혀 사실이 아니다(be way off the mark).

기내에선 화장실 흡연도 금지돼 있지만 재떨이는 설치돼 있다(be fitted with ashtrays). 거짓말 같지만 사실이다. 유혹에 못 이겨(succumb to temptation) 피우는 사람이 있을 경우 꽁초를 버릴(dispose of their butt) 수 있도록 재떨이 설치는 의무적으로 해놓아야 한다.

---

* sedate : 안정시키다, 진정제를 먹이다, 조용한, 차분한
  The patient was sedated with intravenous use of sedative drugs.
  (환자는 정맥 주사로 진정제를 투여 받고 안정을 찾았다.)

* decoy : 유인용 새(동물 모형), 바람잡이
  He used you as a decoy. (그는 너를 유인용 미끼로 이용했어.)

* ludicrous : 터무니없는, 우스꽝스러운, 바보 같은
  It is ludicrous to believe what she told you. (그녀가 네가 한 말을 믿는 것은 바보 같은 짓이다.)

Idioms & Synonyms 관용구 & 동의어

- put paid to : 망치다, 좌절시키다
  - A knee injury put paid to any further hopes. (무릎 부상이 더 이상의 어떤 희망도 좌절시켜버렸다.)

- be way off the mark : 완전히 틀리다
  - If so, current plans are way off the mark. (만약 그렇다면, 현재 계획들은 완전히 잘못된 것이다.)
  - » 동의어 : be wide of the mark, fall wide of the mark
  - Their predictions turned out to be wide of the mark.
    (그들의 예측은 완전히 빗나간 것으로 드러났다.)
  - His guess fell quite wide of the mark. (그의 추측은 완전히 틀렸다.)

- succumb to : ~에 굴복하다, 지다
  - It is easy to succumb to despair. (절망에 굴복하기 쉽다.)
  - » 동의어 : yield to, give in to, bow to
  - We will not yield to the terrorists. (우리는 테러리스트들에게 굴복하지 않을 것이다.)
  - You should not give in to someone like him. (너는 그런 사람에게 굴복해서는 안 된다.)
  - The government had to bow to public opinion. (정부는 여론에 굴복해야 했다.)

- dispose of : ~을 없애나, 처리하나
  - Dispose of the cap after you remove it. (뚜껑은 딴 뒤 버리시기 바랍니다.)
  - » 동의어 : throw away, get rid of
  - You'd better throw away the computers that can't be recycled.
    (재활용될 수 없는 컴퓨터들은 버리는 것이 낫다.)
  - She finally managed to get rid of the salesman. (그녀는 결국 간신히 외판원을 처리할 수 있었다.)

Know-hows for effectual haggling

효과적인 흥정의 노하우

명절을 맞아 귀향길에 오르려면 부모님 선물 등 이래저래 살 것이 많다. 형편은 여의치 않으니(be bad-off) 한 푼이라도 아껴야(save every penny) 할 처지다. 경기 침체로 인해(owing to the economic downturn) 상인들도 울상이지만(wear a tearful face), 흥정으로 가격을 낮춰(haggle down the price) 최대한 에누리를 얻어내야 한다.

가격표(price tag)에는 이윤을 남기기 위한 상당한 가격 인상분(a handsome mark-up built into the profit margins)이 포함돼 있다. 깎을 여지가 분명히 있다. 하지만 흥정은 적임자에게 하는 것이 중요하다(be crucial to ask the right person). 주인이나 점장은 이윤 폭을 꿰고 있고 흥정할 재량권이 있어(have the discretion to haggle over the price) 쉽게 에누리에 응한다.

---

* crucial : 중대한, 결정적인
  We are on the brink of crucial times that demand extraordinary measures.
  (우리는 특단의 조치를 요하는 중대한 시기에 직면해 있다.)

에누리를 시도할 때는 몸짓 언어를 살필 필요가 있다. 고개를 끄덕이며(nod their head) 상체를 앞으로 숙여(lean forward) 눈을 맞추는(make eye contact) 사람의 경우는 몸을 뒤로 젖힌(lean back) 채 굳은 표정으로 눈길을 피하는(avert the gaze with a stiff look) 이들보다 깎아줄 확률이 훨씬 높다. "~해주면 안 돼요?", "음, 음" 하는 힘없는 말이나 주저하는 소리는 피해야(avoid powerless language and hesitant sounds) 한다.

당근, 채찍 회유, 강압 양면 수법(good cop-bad cop routine)도 효과적이다. 일행 중 한 사람은 관심을 보이고, 다른 사람은 결점을 지적하며 흥정을 몰아간다(point out faults to drive a bargain). 잡아끌며 다른 데로 가자고 설득하는 시늉을 해보이면(pretend to pull you away or convince you to move on) 파는 쪽에서 최종 할인가를 제시하는 경우가 많다.

물건을 무척 사고 싶어 하는 것처럼 보이다가(appear keen on the item)

---

* lean : 기대다, 기울이다
He walked forward, leaning on his wife's arm. (그는 아내의 팔에 의지해 앞으로 걸어 나갔다.)

* hesitant : 주저하는, 망설이는
I was hesitant, unsure what to do. (나는 무엇을 해야 할지 확신이 들지 않아 망설였다.)

* keen : ~을 간절히 하고 싶은, 열망하는
She was very keen to take part in the project. (그녀는 그 프로젝트에 참여하기를 간절히 원했다.)

돌연 망설이는 모습을 보이며(show hesitation) 발길을 돌리는 척하거나, 전화 통화를 한 뒤 "남편이 비싸다고 사지 말라네요"라고 능치는 주부도 있다. 그런데 역으로 점원이 이 전술을 쓸 수도(use this tactic on you) 있다.

"저는 해드리고 싶은데, 사장님이 그 이하로는 절대 안 된대요."

잠깐 대화가 끊어져 어색해질(have a gap in conversation awkward) 때가 있다. 먼저 말하지 말고 잠자코 있는다(stay quiet). 파는 쪽이 침묵을 깨트리게(break the silence) 해야 한다. 말이 없으면 물건을 살 뜻이 적은 것으로 비쳐(seem less willing to purchase the item) 더 많은 에누리를 할 수 있다.

사고자 하는 가격의 현금을 꺼내 보이며 담판 짓는 것도 방법이다. 일단 현금을 보면 "에이, 그렇게 합시다" 하며 선뜻 받는 상인이 많다. 쇼핑 갈 때 입는 옷은 추레해 보이려 애를 쓸(go out of your way to look ratty) 필요는 없지만, 비싼 옷과 보석류는 피한다. 가격표대로 낼 여유가 있다고 판단해 흥정을 양보하지 않는다.

외국에서 흥정할 땐 국적을 밝히지 않는 게 좋다. 형편이 못한 국가에선 더 많은 돈을 뜯어내려(extort much more money) 한다. 현지어에 능통하지(be fluent in the local language) 못하더라도 인사말만이라도 배워 사용하면 호의적으로 나온다. 특히 숫자를 구사하면 현지에 사는 외국인이려니 여겨 바가지는 씌우지(rip you off) 못한다.

---

* extort : 갈취하다, 빼앗다
He is a racketeer who extorts money from people. (그는 사람들에게서 돈을 갈취하는 협잡꾼이다.)

Idioms & Synonyms 관용구 & 동의어

- be bad off : 주머니 사정이 좋지 않다, 생활이 어렵다
  - His family is very bad off. (그의 가족은 살림 형편이 매우 좋지 않다.)
  - » 동의어 : be in needy(straitened/wretched) circumstances
  - He is always in needy circumstances all the year round. (그는 일 년 내내 쪼들리며 산다.)

- be crucial to : ~에 대단히 중요하다, 절대적으로 필요하다, 결정적이다
  - Early detection is crucial to the treatment of cancer.
    (암 치료에는 조기 발견이 절대적으로 중요하다.)

- haggle over : 흥정하다, 입씨름하다, 실랑이를 벌이다
  - We don't have time to haggle over price. (우리는 가격 흥정할 시간이 없다.)
  - » 동의어 : bargain over
  - They were not willing to bargain over ransom. (그들은 몸값 흥정을 하려 하지 않았다.)

- be keen on : ~을 아주 좋아하는, 관심이 많은, 열중하는
  - She is very keen on watching her body shape and weight.
    (그녀는 몸매와 몸무게에 굉장히 관심이 많다.)
  - » 동의어 : be intent on
  - He is intent on pleasing everyone. (그는 모든 사람들을 기쁘게 해주려고 열심이다.)

- go out of one's way : 비상한 노력을 하다, 굳이 ~하다
  - She is going out of her way to please her mom.
    (그녀는 엄마를 기쁘게 해 드리려고 애를 쓰고 있다.)
  - » 동의어 : make a special(great) effort, put oneself out to
  - He made a special effort to not look sad. (그는 슬퍼 보이지 않으려고 애를 썼다.)
  - Her parents put themselves out to help her finish college.
    (그녀의 부모님은 그녀가 대학을 마칠 수 있도록 각별한 노력을 기울였다.)

Dictator game
독재자 게임

권력이 사람을 부패하게 만드는 걸까, 부패한 사람이 권력을 잡는 걸까(seize power). 물음 자체가 닭이 먼저냐 달걀이 먼저냐(Which came first, the chicken or the egg?)를 따지는 것만큼이나 부질없는 짓(a wild goose chase)이다. 권력은 제아무리 정직한 사람도 부패하게 한다. 취하게 한다(go to their head).

'독재자 게임(dictator game)'이라는 용어가 있다. 실험경제학(experimental economics)에 활용되는 게임으로, 자신의 이해관계와 공평성(self-interest and equality)이 대립하는 상황에서 어떻게 반응하느냐를 측정해보는 것이다. 스위스 연구팀이 권력과 부패의 인과 상관관계 연구에 이 게임을 적용해봤다(apply it to the study of the causal and correlative relationship).

---

* seize : 움켜쥐다, 압수하다, 장악하다
  Seize this chance, otherwise you will regret it.
  (이번 기회를 잡아라. 그러지 않으면 후회하게 될 것이다.)

게임은 일정액의 돈을 배분할 절대적 권한이 주어진 A와 아무런 결정권 없이 주는 대로 받아야 하는 B가 일련의 연속 라운드를 반복한다(repeat a series of successive rounds). 그 과정에서 A가 B에게 나눠주는 액수의 추이를 관찰했다. 그 결과, 권한과 권력을 맛본(get a taste of authority and power) A는 점차 타락해가면서(fall into decadence) 갈수록 B에게 주는 돈을 줄였다. 애당초 부정직했던 이는 더욱 부패한 행동을 보였고(exhibit more corrupt behavior), 정직성에서 높은 점수를 받은(score high on honesty) 사람조차 시간이 지나면서(as time goes on) 부패하는 모습을 보이기 시작했다. 자신의 가치관을 망각해갔다(lose sight of their values).

게임 참가자들은 다른 사람들을 희생시켜 가며 자신의 이익만 챙기는(chop their own ice at the expense of others) 데 익숙해졌다. B에게 한 푼도 주지 않으려는 A도 생겨났다. 공익을 해친다는(harm the public good) 것을 알면서도 주저하지 않았다. 예외가 없었다. 피 맛을 본 흡혈귀(vampire)처럼 변해갔다. 추종하는 B의 숫자가 많아질수록 더욱더 극악해졌다.

이런 A들에게 공통적 현상이 있었다. 침을 검사한(conduct saliva tests)

---

* saliva : 침, 타액
Applying your saliva on the mosquito bite is not a good idea.
(모기 물린 곳에 침을 바르는 것은 좋은 생각이 아니다.)

결과, 남성호르몬(the male sex hormone)인 테스토스테론이 과다하게 분비돼 중독성 높은 도파민(신경전달물질) 상승으로 이어지는(lead to raised levels of addictive dopamine) 것으로 나타났다. 남자든 여자든 마찬가지였다.

권력에 중독되면 다른 사람들의 두려움을 자기 손아귀에 쥐고(hold someone else's fear in their hands) 과시하며 쾌감을 느낀다. 권력은 최고의 최음제(the ultimate aphrodisiac)여서 스스로 몽롱해진다(grow dim for themselves).

연구팀의 결론은 이렇다.

"유권자들은 후보자의 정직성과 신뢰성을 선택의 근간으로 한다(base their choice on candidates' honesty and trustworthiness). 하지만 인간성은 믿으면 안 된다. 강력한 관리 메커니즘과 제도들(strong governance mechanism and institutions)로 그들이 유혹적인 권력의 성배(the seductive chalice of power)에서 얼마나 빨아먹는지 늘 감시하고 제한해야 한다."

---

* addictive : 중독성의, 중독성이 있는
  Smoking is a nasty and highly addictive habit. (흡연은 지저분하고 중독성이 강한 습관이다.)

* aphrodisiac : 최음제, 정력제
  Absolute power is the ultimate aphrodisiac. (절대적인 권력은 최고의 최음제이다.)

* dim : 희미한, 흐릿한, 어둑한
  Our sight grows dim with age. (나이가 들면 눈이 침침해진다.)

Idioms & Synonyms 관용구 & 동의어

- a wild goose chase : 부질없는 시도, 헛된 노력
  - It's a wild goose chase to do this without a plan. (이것을 계획 없이 하는 것은 헛수고다.)
  - » 동의어 : beat a dead horse
  - Let's not beat a dead horse. (부질없는 헛수고하지 말자.)

- fall into decadence : 타락하다, 퇴폐적이 되다
  - The Roman Empire fell into decadence. (로마제국은 퇴폐에 빠져들었다.)

- lose sight of : ~을 잃다, 안 보이다, 망각하다
  - You should not lose sight of your original aim. (당신은 당신의 원래 목적을 망각해서는 안 된다.)

- chop one's own ice : 자기 이익만을 챙기다
  - Greedy people tend to chop their own ice. (욕심 많은 사람들은 자기 이익만 챙기는 경향이 있다.)

- at the expense of : ~의 비용으로, 잃어가며, 희생해가며
  - He built up the business at the expense of his health.
  (그는 건강을 상해가며 그 사업체를 일구었다.)

Power really DOES go to your head: Giving people a taste of authority can corrupt even honest members of a group

Historian Baron John Acton famously declared that 'power tends to corrupt and absolute power corrupts absolutely.'

Now, more than a century after Acton's accusation, scientists have shown that even the most noble lose sight of their values when handed the right to govern.

A series of experiments found that once honest people had tasted power, they couldn't resist rewarding themselves at the expense of others.

After undergoing psychological testing to measure individual differences, including honesty, the volunteers played the 'dictator game'.

In the game, they were given complete control over deciding pay outs to themselves and their followers.

The leaders had the choice of making pro or anti-social decisions - the latter resulting in awarding less money to the group but more to the leader's own earnings.

The findings showed those rated as less honest at first exhibited more corrupt behaviour.

But, over time, even those who initially scored high on honesty scales were not shielded from the corruptive effects of power.

'One thing that angers me, my children and most people across the world is why do powerful leaders not do more good?' said Professor John Antonakis from the

University of Lausanne, Switzerland.
'Is it because of power? Do we really have to worry about this force? Is what Acton said really true?'
'Corrupt individuals exhibit moral deterioration by using their power to benefit themselves and, by doing so, cause harm to the greater good.'
'Powerful individuals are able to impose their decisions and preferences on weaker individuals.'

In the study, the leader was given a pot of money and allowed to divide it how they liked. The more they took out for themselves, the less was left for their followers.
'The results were clear. Power corrupts. When given more followers and more choices, the leader was more likely to make an anti social decision,' Professor Antonakis said.
'In a way, power is to leaders what taste is to vampires. Once they get a taste of it, they cannot let go. The more followers they had, the more corrupt they became.'
The participants were also given saliva tests which showed anti-social decisions were highest among those with the highest levels of testosterone, the male sex hormone.
'What we observed was real corruption using real stakes. For instance, some participants walked out of the lab with about $100 (£60) in payouts,' Professor Antonakis said.
'They knew if they profited they would harm the public good.'
'We think strong governance mechanisms and strong institutions are the key to keeping leaders in check,' he added.
'Organisations should limit how much leaders can drink from the seductive chalice of power.'

_《Daily Mail》, October 2, 2014

When my body yearns for something
내 몸이 뭔가를 원할 때

문득(all of a sudden) 고기가 먹고 싶을 때가 있다. 군것질을 하지(eat between meals) 않는데도 불현듯 단것에 손이 간다. 갑자기 밥이나 빵이 당길(appeal to your palate) 때도 있다.

난데없이 내 몸이 특정 음식에 충동을 느끼는(feel a sudden urge for a specific food) 데는 그만한 이유가 있다(there is much to be said for it). 어떤 영양소가 부족하다는(be deficient in certain nutrients) 신호를 보내는(transmit a signal) 것이다.

갑자기 고기를 탐하게 되는(hanker after meat) 건 철분과 아연이 결핍돼 있다는(be low on iron and zinc) 몸의 신호라고 영양학(nutritional science) 전문가들은 말한다. 철분은 면역 기능에 중요한 역할을 하는(play an important

---

* palate : 미각, 감식력, 입천장
  Sommeliers need to have a very sensitive palate to taste wines.
  (소믈리에는 포도주를 맛보는 매우 민감한 미각을 갖고 있어야 한다.)

role in immune function), 아연은 세포 분할과 건강한 피부, 머리털, 손발톱에 필수적인(be vital to cell division and healthy skin, hair and nails) 영양소다. 고기 대신 조개류, 시금치, 호박씨, 치즈, 통밀빵

(shellfish, spinach, pumpkin seeds, cheese and wholemeal bread) 등을 먹어줘도 좋다.

초콜릿이 자꾸 당기는 건 피부와 머리털에 필수적인 마그네슘이 부족하다는 표시다. 술, 커피, 탄산음료(fizzy drink) 등을 과하게 마시면 체내 마그네슘을 고갈시키는데(deplete magnesium), 그런 경우엔 최소한 75퍼센트 이상 코코아를 함유한 초콜릿을 먹어주는 것이 좋다. 견과류, 이파리 많은 푸른 채소(leafy green vegetable), 현미(brown rice), 통밀빵, 호박씨 등도 도움이 된다.

얼음을 갈망할(crave ice) 때도 있다. 더위를 탈 뿐만 아니라 빈혈이 있고(have anaemia) 철분이 부족하다는 몸의 반응일 수 있다. 살구(apricot), 무화과(fig), 브로콜리, 렌틸콩, 통밀빵 등도 좋지만 붉은 고기나 정어리(red

---

* deplete : 격감시키다, 고갈시키다
  Food supplies were severely depleted. (식량 공급이 아주 큰 폭으로 격감했다.)

* crave : 갈망하다, 간절히 청하다
  What we crave most in this world is peace. (우리가 이 세상에서 갈망하는 것은 평화이다.)

meat or sardine)를 먹어주는 것이 효과가 빠르다.

몸에서 단것을 원하는 건 크롬이 부족하다는(be deficient in chromium) 신호다. 크롬은 핏속 포도당을 흡입해 체세포에 공급하는 것을 용이하게 해주는(facilitate the uptake of glucose from the blood into the body cells) 무기질이다. 일정치 않은 혈당을 고르게 해주는(level out erratic blood sugar levels) 역할을 한다. 당분보다는 식용동물의 간, 콩팥, 닭고기, 당근, 감자, 브로콜리, 아스파라거스, 달걀 등을 먹어주는 것이 좋다.

탄수화물 식품이 당기는 건 아미노산 트립토판이 결핍돼 있어서다(be low in the amino acid tryptophan). 이 아미노산은 기분을 조절하는 두뇌의 세로토닌 합성에 필수적이다. 우유, 달걀, 호두, 바나나 등으로 단백질 섭취를 늘리면(add your protein intake) 탄수화물 욕구를 제어하는 데 도움이 된다(help curb your carb cravings).

아내가 임신했을 때 평소엔 거들떠보지도 않던 삼치구이, 순대, 족발을 사다 달라고 한 건 아내의 몸이 뭔가를 절실히 원했기(be in dire need of something) 때문이다. 근데 코웃음 치고 술에 취해 빈손으로 집에 들어간 남편은 평생 아내에게 타박당하며(be told off) 살아도 싸다, 싸!

---

* curb : 억제하다, 제한하다
  You have to learn to curb your temper. (너는 성질 죽이는 법을 배워야 한다.)

* dire : 심각한, 엄청난, 지독한
  North Korean people are in a very dire situation. (북한 주민들은 비참한 상황에 놓여 있다.)

Idioms & Synonyms 관용구 & 동의어

- eat between meals : 간식을 먹다, 군것질을 하다
  - Popcorn is a good food to eat between meals. (팝콘은 간식으로 먹기에 좋은 식품이다.)

- appeal to one's palate : 구미가 당기다, 입맛을 당기다
  - The food served in that restaurant appeals to my palate. (그 식당 음식은 내 구미를 당긴다.)

  » 동의어 : appeal to one's taste
  - This plate appeals to my taste. (이 요리는 내 입맛에 맞는다.)

- hanker after : ~을 갈망하다, ~에 굶주리다
  - She has hankered after fame all her life. (그녀는 평생 명성을 갈망해왔다.)

  » 동의어 : seek after
  - Great persons earnestly seek after the truth. (위대한 인물들은 진정으로 진리를 추구한다.)

- be told off : 핀잔을 듣다, 혼나다, 꾸중 듣다
  - He doesn't deserve to be told off. (그는 꾸중을 들을 이유가 없다.)

  » 동의어 : be scolded
  - He told his parents the truth on pain of being scolded.
    (그는 혼날 각오를 하고 부모님께 사실대로 말했다.)

Warnings by virus experts
바이러스 전문가들의 경고

미국에서 열 명 죽으면 세계 언론의 주요 뉴스가 되지만, 아프리카에서 백 명이 사망한 소식은 단신 처리되는 경우도 많다. 에볼라 바이러스가 발견된 지 이미 사십여 년 지났건만 백신은 물론 치료약조차 없는 것도 비슷한 맥락에서(in a similar vein) 이해하면 된다.

서아프리카에서 벌어졌던 에볼라 사태(the ongoing Ebola outbreak)는 인류 역사상 가장 치명적(the deadliest in human history) 현상 중 하나다. 그런데도 단지 다루기 어렵고(be hard to work with) 발생이 흔하지 않은 데다 예측 불가능하며(be rare and unpredictable), 실험 접시에서 잘 배양되지(grow well in lab dishes) 않는다는 이유만으로 방치돼 왔다.

---

* vein : 정맥, 맥락, 광맥, 방식
Just a few people witnessed in a similar vein. (단지 몇몇 사람만이 비슷한 맥락으로 증언을 했다.)

* unpredictable : 예측할 수 없는, 변덕스러운
The result of this project is entirely unpredictable.
(이 프로젝트의 결과는 전혀 예측이 불가능하다.)

그러나 이런 현상은 치료약 개발의 자본 조건에 기인한다(be due to the economics of drug development). 전문가들은 에볼라 퇴치 방법을 알아내는 데는 이미 큰 진전을 이뤘다고(already make great strides in figuring out how to fight back against Ebola) 말한다. 에볼라 바이러스를 묶는(bind with the ebola virus) 단일 클론 항체(monoclonal antibody)도 개발돼 노출 직후(right after exposure)는 물론, 발병 며칠 후 투약해도 효과를 내는 단계까지 와 있다고 한다.

그러나 제약 회사들(pharmaceutical companies)이 에볼라 치료에 연구, 개발 투자를 쏟아부을 인센티브가 없다며(have little incentive to pour research and development investments into curing the disease) 손을 놓고 있다(have their hands idle). 소득 낮은 아프리카 국가들에서만 어쩌다 한 번 나타나는데(surface sporadically in low-income African countries) 백신, 치료제를 개발해봐야 큰 이득을 보기 어렵고(be not likely to see a large pay-off) 돈만 날릴 것 같다는(stand to lose money) 이유에서다.

---

* stride : 성큼성큼 걷는 걸음, 진전
  They made great strides in the search for a cure. (그들은 치유법 연구에서 커다란 진전을 이뤘다.)

* sporadic : 산발적인, 간헐적인
  The sporadic attacks caused a lot of damage to Syria.
  (산발적인 공격이 시리아에 많은 피해를 초래했다.)

미국 국방부와 국립보건원이 어느 정도 투자를 하고 있기는 하다. 그러나 아프리카 구제를 위한 것이 아니다. 에볼라가 생물학무기 테러로 이용될(be used as bioterrorism) 것을 우려해서다. 문제는 목적이 제한돼 있다 보니 어느 단계가 지나면 연구, 투자가 정체된다는(get stalled) 사실이다.

전염병 전문가인 브렌다 러너 박사는 "인류는 모든 생명체와 공통 선조를 가졌다(share a common ancestry)"며 "특히 미생물 세계와 가까운 친밀성(close intimacies with microbial world)이 있다. 인체 세포는 극히 일부만 인간 고유의 것이다. 그래서 전염병 감염, 전염에 취약할(be susceptible to contracting and transmitting infectious disease) 수밖에 없다"고 말한다.

바이러스 공포를 소재로 한 영화 〈아웃브레이크(Outbreak)〉의 원작 소설 《핫존(The Hot Zone)》을 쓴 리처드 프레스턴의 말은 그래서 더 불안하게 한다.

"생물은 어느 것 하나 명확한 것이 없다. 우리가 뭔가를 이해했다고 하는 것은 겨우 한 꺼풀 벗겨낸(peel off a layer) 것일 뿐, 그 아래 훨씬 더 복잡한 것들이 도사리고 있다. 자연은 결코 간단하지 않다(be anything but simple)."

---

* stall : 멎게 하다, 시동을 꺼트리다
He attempted to revive the stalled peace plan.
(그는 교착 상태에 빠진 평화 계획을 되살리려고 시도했다.)

Idioms & Synonyms 관용구 & 동의어

- in a similar vein : 비슷한 맥락에서
  - A number of other people commented in a similar vein.
  (많은 사람들이 비슷한 맥락으로 말을 했다.)

- make strides in : 큰 진보를 하다, 발전을 하다, 거보를 내딛다
  - It will make tremendous strides in the curing of diseases.
  (그것은 질병 치료에 엄청난 발전을 이루게 할 것이다.)

- right after : 그 직후, 바로 뒤에
  - The organization was established right after the Korean War.
  (그 단체는 한국전쟁 직후에 설립됐다.)
  » 동의어 : shortly after, immediately after
  - The doctor circumcised the baby boy shortly after birth.
  (의사는 그 사내아이가 태어나자마자 할례를 했다.)
  - He lost consciousness immediately after the explosion. (그는 폭발 직후 의식을 잃었다.)

- have one's hands idle : 손을 놓고 있다, 손을 놀리고 있다
  - She asked him to carry her bag for her if he had his hands idle.
  (그녀는 그에게 손이 비어 있으면 가방을 좀 들어달라고 부탁했다.)

- be susceptible to : ~에 영향을 받기 쉽다, 예민하다, 취약하다
  - Household pets were also found to be susceptible to the viruses as well.
  (애완동물들 역시 그 바이러스에 취약한 것으로 밝혀졌다.)
  » 동의어 : be liable to, be sensitive to, be vulnerable to
  - This material is liable to cause combustion or ignition. (이 물질은 발화 또는 인화되기 쉽다.)
  - The results can be sensitive to other variables. (결과는 다른 변수들에 쉽게 영향을 받을 수 있다.)
  - Poor people are vulnerable to climate change. (가난한 사람들은 기후 변화에 취약하다.)

How to keep cool at tropical nights?

열대야를 시원하게 보내려면?

충분한 잠은 기분 좋은 웃음과 함께 가장 훌륭한 질병 예방법이자 치료법(the best disease prevention method and cure)이다. 티베트의 정신적 지도자(a spiritual leader) 달라이 라마는 "잠자는 시간은 최고의 명상(the best meditation) 시간"이라고 했다.

장마(a rainy season)가 끝나고 본격적인 무더위가 시작되면(enter the stretch of dog days of summer) 밤잠 설치는(sleep fitfully) 이들이 많다. 열대야현상(a tropical night phenomenon)이 이어져 아무리 잠을 자려 애를 써도(exert yourself to the utmost to sleep) 좀처럼 잠을 이루지 못하고 뒤척인다(toss and turn sleepless in bed).

---

* fitful : 잠깐씩 하다가 마는, 설치는
I'm tired because I had fitful sleep last night. (어제 잠을 설쳤더니 피곤하다.)

* muggy : 후덥지근한, 푹푹 찌는, 무더운
It was a really muggy day! (정말 후덥지근한 날이었다.)

수면 전문가들에 따르면 아무리 후덥지근하더라도(be muggy) 옷을 모두 벗어버리고 싶은 유혹을 견뎌야(resist the temptation to strip off) 한다. 알몸으로 자면(sleep naked) 덜 더울 것 같지만, 천연섬유로 된 잠옷을 입고(put on sleepwears made of natural fibers) 자는 것이 낫다. 몸에서 땀을 떼어내(draw sweat away from your body) 시원한 느낌이 들게 한다.

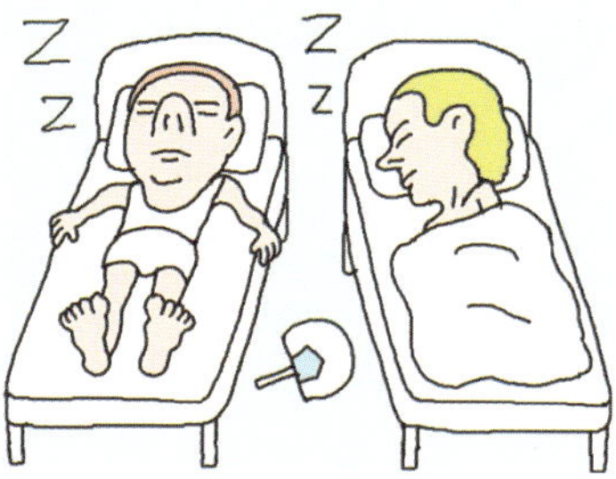

등을 대고 눕지(lie on your back) 말고 옆으로 누워 자는(sleep on your side) 것도 한 방법이다. 더 넓은 몸 표면적이 공기에 노출돼(be exposed to the air) 더 많은 열기를 발산할(give off more heat) 수 있다.

미지근한 물로 샤워를 하라는(take a lukewarm shower) 데는 그만한 이유가 있다. 잠이 잘 오려면 체온(body temperature)이 섭씨 0.5도가량 낮아져야 하기 때문이다.

선풍기는 얼굴 쪽을 향하게 한다(direct the fan towards your face). 두 뺨이 인체의 열을 방출하는 데 큰 역할을 한다. 다만, 너무 가까이 놓으면 안면 신경통에 걸릴(get a facial neuralgia) 수 있으니 주의해야 한다. 발 한쪽을 침대보 밖으로 내놓으면(stick one foot outside the sheet) 시원해질 것으로 생

---

* lukewarm : 미지근한, 미온적인
  You have to wash your face with lukewarm water. (미지근한 물로 얼굴을 씻어야 한다.)

각되지만, 발이 차가우면 수면을 방해한다(disturb sleep). 발이 아니라 얼굴 쪽을 시원하게 해야 한다.

침대보를 접어 냉장고에 넣어뒀다가(fold your sheet up and place it in a refrigerator) 몸에 두르고(drape it over your body) 자는 것도 요령이다. 베갯잇(pillowcase)도 차갑게 하면 좋다. 체열로 인해 냉기는 얼마 못 가지만, 그 사이에 잠들 수 있다.

금실 좋은(live in conjugal harmony) 부부라도 각방 쓰는(sleep in separate rooms) 게 부부애(conjugal affection)를 위해선 낫다. 인체는 한 시간당 116 와트에 해당하는 열에너지를 만들어낸다(generate the equivalent of 116 watts of heat energy an hour). 붙어 자다가 서로 열 받는다.

어떤 남편은 그럴 염려는 전혀 없다며 말한다.

"어렸을 땐 소파에서 잠들어도(fall asleep on the sofa) 깨어난 곳은 (엄마가 옮겨줘서) 늘 침대였는데, 지금은 소파에서 술에 취해 곤드라져(pass out) 자다 깨어보면 거실 바닥이다(아내가 방에 들어와 자라는 말도 안 해줘서)."

---

* drape : 걸치다, 씌우다, 가리다
He draped a mantle around the shoulders. (그는 어깨에 망토를 걸쳤다.)

* conjugal : 부부의, 부부 관계의
The old couple live in conjugal harmony like newlyweds.
(그 노부부는 신혼부부처럼 금실 좋게 산다.)

Idioms & Synonyms 관용구 & 동의어

- exert oneself to: 노력하다, 애를 쓰다
  - The North Korea didn't exert itself to return to the negotiating table.
    (북한은 협상 테이블에 복귀하려고 애를 쓰지 않았다.)
  - » 동의어 : make an effort to, take pains to
  - He made an effort to walk straight even though he was intoxicated.
    (그는 취중에도 똑바로 걸으려고 애를 썼다.)
  - He took great pains to finish the project. (그는 프로젝트를 마무리하기 위해 무진 애를 썼다.)

- strip off : 옷을 벗다, 발가벗다
  - She stripped off to take a shower. (그녀는 샤워를 하기 위해 옷을 벗었다.)

- lie on one's back : 반듯이 눕다
  - You have to lie on your back with your legs bent at the knees.
    (무릎을 굽힌 채 바닥에 등을 대고 누워야 한다.)

- give off : 발산하다, 풍기다, 내다
  - The moon does not give off any light on its own. (달은 스스로 빛을 발하지는 않는다.)

- pass out : 의식을 잃다, 혼절하다, 술에 취해 곤드라지다
  - I am so hungry. I am about to pass out. (나는 배가 너무 고파서 기절하기 직전이다.)
  - » 동의어 : black out, lose consciousness
  - The driver blacked out all of a sudden at the wheel. (운전사가 운전 중에 갑자기 의식을 잃었다.)
  - He suddenly fell down and lost consciousness. (그는 갑자기 쓰러져 의식을 잃었다.)

Cautions for hypermarket-goers
대형마트 갈 때 주의할 점

영국의 코미디언 헤니 영맨은 생전에(while in life) 아내와 함께 장을 보러 갈(go grocery shopping) 때 꼭 손을 잡고 다녔다고 한다. 손을 놓고 잠시라도 한눈팔면(take his eyes off) 금세 쇼핑카트가 그득해지기(be full to the brim) 때문이라고 우스갯소리를 하곤(crack a joke) 했다.

쇼핑은 여자들이 좋아하는 몸싸움 스포츠라는 말이 있다. 주말 대형마트에서 밟혀 죽을 위험을 무릅쓰고(despite the danger of being trampled to death) 드잡이와 시끌벅적한 사람들을 즐기는(enjoy the scrimmage and the noisy crowds) 모습을 보면 그 말이 실감 난다. 물론 그 아수라장이 되는(become bedlam) 곳을 마다하지 않는 것은 한 푼이라도 아껴보기(save every

---

* trample : 짓밟다, 밟아 뭉개다
  She trampled on other people's feelings. (그녀는 다른 사람들의 감정을 짓밟아버렸다.)

* scrimmage : 난투, 드잡이
  There was no such thing as a scrimmage. (난투 같은 그런 거는 없었다.)

penny) 위해서다.

배고픈 상태에서 마트에 가지 말라는 건 익히 들어본 얘기다. 아이들을 데리고 가도 과용하게 된다. 마트에 갈 때, 미리 구매 목록을 적어 가면 두 가지 효과가 있다. 쓸데없는 것들에 손대지 않게 되고, 꼭 사야 하는 것을 빠뜨려 다시 갔다가 결국 또 다른 것들도 사게 되는(end up with buying extra things) 낭패를 피할 수 있다.

널찍한 카트를 이용하는(use a spacious shopping cart) 것은 피한다. 대형 카트는 필요한 것보다 더 많은 물건을 사게끔 마음을 꾄다(trick your mind into buying more things than you need). 물건을 사러갈 때, 주말은 피하는 게 좋다. 업자들이 주말 인파를 겨냥해 더 많은 쿠폰, 할인 행사를 내걸어(put out more coupons and sales events) 현혹되기 쉽다.

냉동된 것 대신 신선한 것만 사는(buy things fresh only instead of frozen) 것은 재고해볼 필요가 있다. 딸기나 블루베리 등을 갈아 마실 거면 냉동된 것을 사는 게 낫다. 한창 잘 익었을 때 수확해 즉시 냉동했기(be picked at their peak of ripeness and frozen immediately) 때문에 맛과 영양가에선 아무 차이가 없고, 가격은 훨씬 저렴하다.

---

* bedlam : 난리, 법석
  With many children, the orphanage was bedlam. (아이들이 많아서 그 고아원은 난리 법석이었다.)

값비싼 유기농 채소와 과일만 고집하는(insist in expensive organic vegetables and fruits) 것도 돈 낭비다. 아보카도, 파인애플, 수박 등은 두꺼운 껍질(thick skins)이 과육을 살충제로부터 보호해준다(protect the flesh from pesticides). 양파 같은 채소 역시 해충이 아예 접근을 못해 굳이 유기농을 살 필요가 없다.

쿠폰은 다른 것보다 세탁용 세제, 종이수건, 화장지 등 가정용 필수품들의 쿠폰에 눈독을 들였다가(keep an eye out for coupons for household essentials such as laundry detergent, paper towel, toilet paper and so on) 세일할 때 한번에 그 주요 품목들을 비축해놓는(stock up on those staples) 것이 경제적이다. 또 한 가지 주의할 점은 계산대 앞에 줄 서서 기다릴(stand in line at the cash register) 때 만나는 주변 상품들을 가급적 사지 말라는 것이다. 수량 대비 단가가 가장 높은 것들을 계산대 바로 옆에 배열해놓아 손해를 보게 된다.

아내와 함께 마트에 간 남편들은 보통 두 차례 정도 큰 손해를 본 것 같은 느낌을 받을 때가 있다. 아내가 시키는 대로 매장 입구에서 카트를 가져다 놨건만 한눈파는 사이에 다른 사람이 가져가 버렸을 때와 계산대 줄을 바꿔 섰는데 원래 줄이 더 빨리 줄어들 때가 그런 경우다.

---

* flesh : 살, 고기, 피부
They killed innocent people and ate human flesh. (그들은 무고한 사람들을 죽이고 인육을 먹었다.)

* detergent : 세제, 세정제
Wash in warm water with liquid detergent. (액체 세제로 따뜻한 물에 세탁하세요.)

Idioms & Synonyms 관용구 & 동의어

- take one's eyes off : ~에서 눈을 떼다
  - Don't take your eyes off the children for even a second. (잠시도 아이들에게서 눈을 떼지 마라.)

- be trampled to death : 짓밟혀 죽다
  - The hunter was trampled to death by an elephant. (그 사냥꾼은 코끼리에 짓밟혀 죽었다.)

- save every penny : 한 푼이라도 아끼다
  - They're trying to save every penny these days. (그들은 요즘 한 푼이라도 아끼려고 애를 쓴다.)

- end up with : 결국 ~하게 되다
  - North Korea could end up with larger nuclear arsenal than Israel.
    (북한이 결국 이스라엘보다 더 많은 핵무기를 보유하게 될 수 있다.)

- keep an eye out for : ~을 감시하다, 경계하다, 주목하다, 눈독들이다
  - You'll have to keep an eye out for more news. (너는 더 많은 뉴스에 주의를 기울여야 할 것이다.)
  - » 동의어 : watch carefully for
  - We need to watch carefully for the current trends.
    (우리는 최근 경향에 주의를 기울일 필요가 있다.)

The evils of alcohol
술의 해악

술은 모든 범죄의 아비, 온갖 혐오스러운 것의 어미(the mother of all abominations)라고 했다. 악마가 사람을 찾아다니기 바쁠 때 대신 보내는 것이 술이라는 말도 있다. 술 중에서 가장 맛있는 술이 입술이라는 우스개가 있지만, 술과 입술의 관계가 깊어지면 말실수(slip of the tongue)가 사생아로 태어나(be born as a love child) 인생을 망치기도(ruin their lives) 한다. 신은 단지 물을 만들었을 뿐인데, 인간들이 그것으로 술을 빚어(brew alcoholic beverages) 자초한 부작용(side effect)이다.

또 다른 부작용으로 'beer goggles' effect'라는 것도 있다. 직역하

---

* abominate : 증오하다, 혐오하다
I abominate hypocrisy. (나는 위선을 혐오한다.)

* love child : 사생아
She gave birth to a love child. (그녀는 사생아를 낳았다.)

* side effect : 부작용
Pain is an unavoidable side effect. (통증은 불가피한 부작용이다.)

면 '맥주 안경 효과'인데, 알코올 섭취량이 많아질수록(as your alcohol intake rises) 상대 이성(the opposite sex)이 더 매력적으로 보이는(seem more attractive) 현상이다. 술이 지각(知覺)에 영향을 미쳐(affect your perception) 못난 상대도 예쁘고 멋져 보이게 인지 능력을 왜곡하는(distort the cognitive ability) 것이다.

술기운이 돌면(grow tipsy) 성적 충동을 담당하는(be responsible for your sexual urges) 두뇌 부위의 억제 기능이 느슨해진다. 취하면 취할수록 짝짓기 욕구(the desire to mate)는 계속 작동해(keep functioning) 완전히 곤드라질(pass out) 때까지 그칠 줄 모른다. 문제는 술로 인한 이런 일시적 정신착란(a transitory mental storm)이 온갖 추태와 범죄로 이어질(lead to all sorts of indecent behaviors and delinquencies) 수 있다는 것이다.

술은 특히 남성들로 하여금 바람피울 가능성을 더 크게 한다(make men more likely to be unfaithful). 술에 거나하게 취하면 외도를 하려는 경향을 보인다(tend to stray). 미국 오리건대학 연구팀이 짝에게 충실하기로 유명한

---

* distort : 비틀다, 왜곡하다, 일그러뜨리다
  These works distort history. (이런 작품들은 역사를 왜곡한다.)

* tipsy : 얼근하게 취한, 술이 약간 취한
  Just ignore what he says when he's tipsy. (그가 술이 취했을 때 하는 말은 무시해버려라.)

초원 들쥐(the famously faithful prairie vole)를 상대로 실험한 결과, 정상 상태에선 일부일처제를 행하며(practice monogamy) 평생 짝을 바꾸지 않는(have one mate for life) 수컷들에게 술을 먹이면 태도가 돌변하는(take an entirely different attitude) 것으로 나타났다. 이에 비해 암컷들은 감정 표현이 적나라해지기는 하지만(become touchy-feely) 오히려 자기 짝에게 더욱 집착했다.

연구팀이 수컷과 암컷 모두 술을 먹이고 각각 새 이성 친구를 '소개'해 줬더니(introduce new opposite-sex playmates to them) 수컷들은 하나같이 새 암컷 파트너를 선호하는(prefer their novel female partners) 현상을 보였다. 반면(on the other hand) 암컷들은 새 수컷 친구가 아닌 원래의 자기 짝을 선택했다. 다만 더 많이 껴안는 시간을 가지려 할(seek out more cuddle time) 뿐이었다. 암컷 들쥐들은 안 그러는데 수컷들은 술만 마셨다 하면 들쥐 신분을 망각하고 '개'가 되더라는 것이다.

술꾼들은 그래도 술 탓은 하지 않는다.

"위스키에 얼음 타서 마시면 심장에 안 좋다. 보드카에 얼음은 간, 스카치에 얼음은 뇌에 나쁘다. 봐라, 몸에 안 좋은 건 술이 아니라 얼음이다."

Idioms & Synonyms 관용구 & 동의어

- slip of the tongue : 말실수, 부주의한 발언, 실언
  - You have to apologize for the slip of the tongue. (네가 실언한 것에 대해 사과해야 한다.)
  - » 동의어 : slip of the lip
  - He made a slip of the lip, but corrected himself immediately.
  (그는 실언을 했지만, 즉각 바로잡아 말했다.)

- ruin one's life : 인생을 망치다, 신세를 그르치다
  - Improper behavior can ruin your life thoroughly.
  (부적절한 행위가 네 인생을 완전히 망쳐놓을 수 있다.)
  - » 동의어 : screw up one's life
  - I just don't wanna screw up her life. (나는 그녀의 인생을 망가뜨리고 싶지 않다.)

- grow tipsy : 술에 취해가다, 술기운이 오르다
  - Don't give her another shot of whisky. She seems to grow tipsy.
  (그녀에게 위스키 더 주지 말아요. 술기운이 오르고 있는 것 같아요.)

- become touchy-feely : 감정 표현에 숨김이 없어지다, 적나라해지다
  - As the couple got drunk they became more touchy-feely.
  (그 커플은 술에 취하자 더욱 감정 표현이 적나라해졌다.)

- seek out : 애써 찾아내다, 도모하다, 추구하다
  - We have to seek out our destiny. (우리는 우리 자신들의 운명을 개척해야 한다.)

Beer goggles DO exist: Study finds even a small amount of alcohol can make other people seem more attractive

Finding people more attractive after a few drinks has long been known as the 'beer goggle' effect - but experts are divided about whether this phenomenon actually exists.

To put it to the test, researchers from Bristol conducted lab experiments to gauge whether drink changed people's perceptions of what is attractive.
Volunteers were asked to look at photos of men, women and landscapes before and after drinking - and in every category alcohol affected their perceptions.
The volunteers were divided into two groups - one group drank just one alcoholic drink, while the other drank a non-alcoholic placebo drink.
Among the images there were 20 male faces, 20 female faces and 20 landscapes.

Researchers from the University of Bristol's Tobacco and Alcohol Research Group (TARG) said attractiveness ratings were higher for all three image types among the alcohol group compared to the placebo group.
The study leaders said this confirmed the beer goggle hypothesis, which claims people become more attractive to the opposite sex after a few drinks.
Now the Bristol team is extending the research into the more realistic setting of a pub.

It is conducting tests over four nights at three pubs in Bristol: the Green Man, the Portcullis and the Victoria.

Researcher Olivia Maynard said: 'It's a bit of fun, but there is a serious message.' 'If alcohol does change perceptions of attractiveness then that could be a factor in the kind of risky behaviour you see when people are drunk, such as unprotected sex.'

The Bristol study's findings contradict previous research from Durham University that found alcohol closes down the part of the brain that stops people acting on impulses.
This area shuts down long before the drink deadens the so-called 'reptilian' part responsible for our sexual urges, said Dr Amanda Ellison.
The area of the brain that makes us want to mate is the oldest part - and sited so far down it keeps functioning, however much we drink - until we are ready to pass out.
This suggests the beer goggles effect is less to do with the level of attractiveness, and more to do with a lack of restraint and decision-making skills.

_《Daily Mail》, May 12, 2014

Joke & Riddle 유머 & 수수께끼

- 한 여성이 실오라기 하나 걸치지 않은 알몸으로(be naked without anything on) 은행 강도짓을 했다(rob a bank). 경찰이 현장에 도착했는데, 아무도 그녀의 얼굴을 기억하지(remember her face) 못했다.

- 바다(sea)의 아들(son) 이름은?

Answer = season(계절)

Penalty kick, the reason why it is unfavorable for goalkeepers

페널티킥, 골키퍼가 불리한 이유

"페널티킥을 성공시킨(score on a penalty kick) 선수를 기억하는 사람은 없다. 하지만 페널티킥을 실축한(miss a penalty) 선수는 모두가 기억한다."

1994년 미국월드컵 결승전 승부차기에서(in the penalty shootout) 실축으로, 브라질에 우승을 헌납했던 이탈리아의 로베르토 바조가 악몽을 되새기며 한 말이다.

월드컵에서는 16강전부터(from the round of 16) 연장전까지 무승부일(be still tied after an overtime) 경우 승부차기로 승패를 가리게(break the ties) 된다.

페널티킥은 골키퍼와 차는 선수(penalty-taker) 어느 쪽이 더 유리할까(have an edge over the other one). 결론부터 말하자면(to tell the conclusion first) 골키퍼가 절대적으로 불리하다(be categorically against the goalie). 골

---

* categorical : 단호한, 단정적인
His categorical denial of the charges of sexual harassment turned out to be untrue.
(성희롱 혐의에 대한 그의 단호한 부인은 결국 거짓으로 드러났다.)

문의 크기, 공의 속도(the velocity of a kicked ball), 반응 시간(reaction time) 등이 차는 선수의 승산을 압도적으로 높게 한다(put the odds overwhelmingly in a shooter's favor).

페널티킥 평균 속도는 시속 112킬로미터 정도이고, 공을 차는 지점과 골문 사이 거리는 11미터이다. 따라서 골키퍼는 약 0.7초 사이에 공이 어느 쪽으로 오는지 보고, 어느 방향으로 점프를 해야 할지 판단해서 몸을 던져야 한다. 이 과정에 일 초가량이 걸린다. 막아내는(save the kick) 것이 물리적으로 불가능하다는(be physically impossible) 얘기다.

그래서 대부분의 골키퍼는 상대가 공을 차기 전에 한쪽 방향을 정해 몸을 날린다(leap into action). 어떤 키커들은 이런 점을 이용해(take advantage of this phenomenon) 주춤주춤 뛰어가 골키퍼가 먼저 움직이게 유인한(stutter their run-up and entice the keeper to move first) 뒤 느긋하게 그 반대편으로 차 넣기도(shoot the other way) 한다.

골대는 가로 7.3미터, 세로 2.4미터(be 7.3 meter wide and 2.4 meter tall),

---

* velocity : 속도, 속력
  The velocity of sound in air and water is different. (음속은 공기 중에서와 수중에서 다르다.)

* stutter : 말을 더듬다, 더듬거리다
  She speaks with a pronounced stutter. (그녀는 심하게 말을 더듬는다.)

면적 17.9제곱미터에 달한다. 화물 컨테이너보다 더 크다. 골키퍼의 키와 체격이 아무리 커도 골문 전체를 막아내는 건 여간 어려운 게 아니다.

그뿐만 아니라(on top of that) '게임 이론(game theory)'도 승부차기 결과를 가르는 데 중요한 역할을 한다(play an important part in deciding the outcome of the shootout). 서로 허를 찌르기 위해(in order to outwit each other) 예측 가능한 전략 면에서 두뇌 싸움을 벌여야(have a battle of wits in terms of predictable strategies) 한다. 키커들은 보통 골대의 어느 한쪽으로 차는 것을 더 잘하는데 상대 골키퍼도 그걸 익히 알고 있어(be well aware of it) 각각 같거나 다른 선택을 해 희비가 엇갈린다(have mingled feelings of joy and sorrow). 세계적인 골키퍼들만이 다리 움직임을 보고 킥 0.08초 전쯤 상대 의도를 간파한다고(see through the intention of an opponent) 한다.

"축구는 실수의 스포츠다. 모든 선수가 완벽한 플레이를 펼치면 스코어는 영원히 0대 0이 될 것이다." (미셸 플라티니, 프랑스 전 국가대표)

---

* outwit : ~보다 한 수 앞서다, 의표를 찌르다
  He always manages to outwit his opponents. (그는 늘 경쟁 상대들보다 한 수 앞선다.)

* mingle : 섞이다, 어우러지다
  He didn't want to mingle with them. (그는 그들과 어울리고 싶어 하지 않았다.)

Idioms & Synonyms 관용구 & 동의어

- have an edge over : ~보다 유리하다, ~보다 우위에 서다
  - Some athletes take steroids to have an edge over their opponents.
    (일부 운동선수들은 경쟁 상대들에 대해 우위를 점하려고 스테로이드제를 복용한다.)

- on top of that : 그 밖에, 그 외에도, 게다가
  - On top of that, it is completely ineffective. (게다가 그것은 완전히 비효율적이다.)
  - » 동의어 : in addition to that
  - In addition to that, he came down with bronchitis. (그 밖에 그는 기관지염에도 걸렸다).

- play a part : ~에 일익을 담당하다, 역할을 하다
  - Homemakers play a huge part in creating healthy families.
    (주부는 건강한 가족을 만드는 데 크나큰 역할을 한다.)
  - » 동의어 : play a role, contribute to
  - The police play a vital role in our society. (경찰은 우리 사회에서 필수적인 역할을 한다.)
  - All of these factors contribute to people's stress levels.
    (이 모든 요인들이 사람들의 스트레스 수준에 영향을 끼친다.)

- be aware of : ~을 알다, 의식하다
  - There two things you need to be aware of. (네가 알아야 할 두 가지가 있다.)
  - » 동의어 : be conscious of
  - The patient is conscious of his illness. (그 환자는 자신의 병을 알고 있다.)

- have mingled feelings : 감정이 교차하다, 엇갈리는 감정을 갖다
  - I had mingled feelings over the matter. (나는 그 문제에 대해 만감이 교차했다.)

2014, the first year of the 21st century?

21세기 원년(元年)은 2014년?

과학적 근거(a scientific basis)가 있는 것은 아니다. 그러나 지난 두 세기(世紀)를 되돌아보면(look back on the last two centuries) 각각의 세기는 01년이 되는 전환점에 시작되지(start at the turning point to 01) 않았음을 알 수 있다. 19세기와 20세기는 1814년과 1914년에 각각 변곡점을 맞았다(enter the inflection point of history).

20세기 첫 10년은 희망과 낙관론으로 차 있었다(be filled with hope and optimism). 1914년 제1차 세계대전이 발발할 때까지는(until the eruption of World War I) 19세기 발전이 계속 가속화할 것처럼 보였다(seem ever-accelerating).

1913년의 미국과 유럽은 세탁기(washing machine), 가스레인지(gas

---

* eruption : 발생, 발발
The eruption of the war precipitated the ruin of their military ties.
(전쟁 발발은 그들의 군사적 유대 관계 붕괴를 재촉했다.)

stove), 전기 조명(electric lighting), 옥내 화장실(indoor plumbing), 냉장고(refrigerator), 전화기, 라디오, 자동차 등의 발명과 발전으로 풍요로운 삶을 향유하고(enjoy an opulent lifestyle) 있었다. 정부에서

어린이 노동을 금지하고(ban child labor), 무상교육을 제공했다(provide free schooling). 값싼 비료(cheap fertilizer)가 나와 작물 수확량을 세 배로 늘려 놓았다(triple crops). 삶의 질이 전례 없는 속도로 개선되고(change for the better at a pace never-before seen) 있던 차에, 1914년 세계대전이 일어나면서 나락으로 떨어지고 말았던(fall into the bottomless pit) 것이다.

앞서 1814년에는 세계가 또 다른 의미의 새로운 전환을 맞았었다(take a new turn). 나폴레옹 전쟁 후 빈 회의(Congress of Vienna)와 오스트리아, 프로이센, 러시아, 영국 사이의 4국 동맹(Quadruple Alliance) 협정에 의한 이른바 '유럽협조체제'(the so-called 'Concert of Europe')가 출범하면서 세계열

---

* opulent : 부유한, 호화로운
He is enjoying an opulent lifestyle. (그는 풍요로운 삶을 누리고 있다.)

* pit : 구덩이, 수렁, 탄광 채취장
The body was found dumped in a pit. (그 시체는 구덩이 속에 버려진 채 발견됐다.)

* quadruple : 네 배가 되다, 네 배의, 네 부분으로 이뤄진
India seeks to quadruple its GDP in thirty years.
(인도는 30년 후 GDP를 네 배로 늘리려 하고 있다.)

강들은 피비린내 나는 전쟁에서 식민지 제국을 완성하는 단계로 넘어갔고(turn from fighting bloody wars to perfecting their colonial empires), 이후 최장 기간 전반적인 평화가 이어지게 됐다(make possible the longest extended period of overall peace).

이처럼 1814년과 1914년은 각각 역사에 극적인 변화를 남기면서(mark a dramatic shift) 19세기와 20세기의 진정한 시작을 알리는 해가 됐다.

어떤 이들은 2001년 911테러를 20세기를 덮고 21세기를 여는 중대한 구분점(the major break point)으로 보지만, 그건 터무니없는 생각(a far-fetched idea)이다. 모두 엄청난 충격을 받은(get the fright of our lives) 테러이기는 했지만, 본질상 21세기 시작이 아니라 20세기 끝자락 사건으로 봐야 한다.

역설적이지만 21세기는 시작되지 않았다. 러시아의 옛 소련 복귀, 중국의 중화주의 복귀 야심, 이에 대응한 미·일 군사동맹 강화(enhancement of military alliance)와 일본 군국주의 발호, 북·중 관계 변화와 북·러시아의 새로운 밀월 등 심상치 않은 현상들이 21세기의 원년을 정하게 될 것이다.

---

* enhance : 높이다, 향상시키다, 강화하다
  If you want to enhance your creativity, you must keep learning something new.
  (창의력을 향상시키고자 한다면, 새로운 것을 계속 배워나가야 한다.)

Idioms & Synonyms 관용구 & 동의어

- look back on : ~을 뒤돌아보다, 회고하다
  - Take some time to look back on the past year. (지난해를 되돌아보는 시간을 가져봐라.)
  - » 동의어 : think back
  - Let's think back for a moment to how things looked a year ago.
    (일 년 전엔 어땠는지 잠시 돌이켜 생각해봅시다.)

- be filled with : ~로 가득 차다
  - I hope this year will be filled with happiness for everyone.
    (나는 올해가 모두에게 행복으로 가득 찬 한 해가 되기를 바란다.)
  - » 동의어 : be full of
  - You seem to be full of complaints. (너는 불만으로 가득 차 있는 것처럼 보인다.)

- change for the better : 좋아지다, 개선되다
  - The weather is changing for the better. (날씨가 점점 좋아지고 있다.)
  - » 동의어 : become better, get better
  - This may help students become better. (이것은 학생들이 더 나아지게 하는 데 도움이 될 수 있다.)
  - We expect things to get better soon. (우리는 상황이 좋아질 것으로 기대하고 있다.)

- take a new turn : 새로운 국면이 전개되다, 일변하다
  - The situation has taken a new turn. (상황이 완전히 급변했다.)

- get the fright of one's life : 엄청난 충격을 받다, 간이 콩알만 해지다
  - When he called me, and I got the fright of my life.
    (그가 나를 불렀을 때, 나는 무서워 죽는 줄 알았다.)

Late-night snack and junk food

야식(夜食)과 정크푸드

칼로리는 높고 영양가는 적은(be low in nutritional value) 음식을 '정크푸드(junk food)'라고 한다. 단백질·비타민·미네랄은 거의 없고(contain little protein, vitamins or minerals), 기름기·당분·염분 등은 넘쳐나 건강에 좋지 않은 음식(unhealthy food)을 비꼬는 속어 표현(a derisive slang term)이다.

"입술에 닿는 건 한순간, 엉덩이에 붙는 건 한평생(A moment on the lips, a lifetime on the hips)", "다른 사람들 없는 곳에서 먹은 것, 결국 남들 앞에서 입고 다니게 된다(What you eat in private, you wear in public)"는 말이 있다. 하지만, 야식과 정크푸드를 멀리하기란(keep clear of them) 여간 어려운 게 아니다. 경찰이나 119요원들보다 배달 업소 오토바이가 더 빨리 도착하는 환경에선 더더욱 그렇다.

정크푸드에 대한 갈망(cravings for them)을 주체하기 어려운(be

---

* derisive : 조롱하는, 비웃는
  There is something derisive in their words. (그들의 말에는 뭔가 비꼬는 것이 있다.)

unmanageable) 이유는 생산업자들에 의해 전략적으로 개발됐기(be strategically developed by manufacturers) 때문이다. 지방, 설탕, 소금, 각종 화학첨가제(various sorts of chemical additives)를 과도하게 배합해 자꾸 더 먹고 싶게 만들어놓았다.

가공식품의 경우(in the case of processed foods) 다섯 가지 이상 성분을 함유한(contain more than five ingredients) 것은 사지 않는 것이 좋다. 이 점에 유의하면(pay attention to this point) 최소한 충동구매는 피할(at least avoid impulse buys) 수 있다.

야식을 먹고 싶은(take a late-night snack) 밤 열한 시쯤엔 오 분간 산보를 하고 들어오는 새 습관을 들이는(form a new habit) 게 좋다. 일상을 깨야(break your routine) 한다. 몇 주일이면 습관을 바꿀 수 있다.

건강에 좋은 먹거리를 가까이 둔다(keep healthy stuffs handy). 냉장고 안 앞쪽이나 가운데, 주방 조리대 위에(on kitchen countertop) 놓아두면 좋

---

* additive : 첨가물, 첨가제
Can you recall what the additive was? (첨가물이 무엇이었는지 기억해낼 수 있겠니?)

* ingredient : 재료, 구성 요소, 성분
Coconut is a basic ingredient for all sorts of curries.
(코코넛은 모든 종류 카레 요리의 기본 재료이다.)

다. 포장을 뜯기 쉬운(be easy to rip open) 스낵류는 눈에 띄지 않게 치운다.

자신에게 식탐을 유발하는 음식(trigger food)이 뭔지 알고 피해야 한다. 단것을 좋아하는(have a sweet tooth) 사람은 일단 아이스크림, 초콜릿에 입을 대면 폭식 소용돌이에 빠지게 된다(send you down the spiral of binge).

또 한 가지 확실한 방법(another surefire way)은 스스로 역겹게 만드는(gross yourself out) 것이다. 야식이 만들어졌을 업소 주방의 열악한 위생 상태(poor sanitary conditions), 가공식품에 첨가됐을 인공 방부제와 발암물질(artificial preservatives and carcinogens) 등을 상상해보면 생각이 달라진다.

정크푸드에 빠지는 건 여자들이 나쁜 남자 이미지에 끌리는(be attracted to the bad-boy image) 것과 비슷하다고 한다. 멋있는 것 같고, 맛있는 것 같지만, 결국엔 최악의 선택이 되고 만다는 얘기다.

연인들끼리는 이런 말을 해주는 것도 좋다.

"복근(腹筋, abdominal muscles)은 피트니스센터가 아니라 식탁 위에서 만들어지는 거래."

"자기는 이미 너무 달콤하니까, 이제 단것은 그만 먹어도 돼."

---

* binge : 폭음, 폭식, 흥청망청 먹고 마시다
  Her father was a binge drinker. (그녀의 아버지는 술고래였다.)

* carcinogen : 발암물질
  Asbestos is classified as a Category 1 carcinogen. (석면은 제1급 발암물질로 분류돼 있다.)

Idioms & Synonyms 관용구 & 동의어

- keep clear of : ~을 가까이하지 않다, 피하다
  - You should keep clear of the guy. (그 녀석과는 가까이하지 말아야 한다.)
  - » 동의어 : keep out of, stand aloof from, keep at arm's length
  - You have to keep out of the sun to avoid skin cancer. (피부암에 걸리지 않으려면 햇빛을 피해야 한다.)
  - He was advised to stand aloof from politics. (그는 정치를 멀리하라는 충고를 받았다.)
  - I think it's wise to keep them at arm's length. (그들과 거리를 두는 것이 현명하다고 나는 생각한다.)

- crave for : ~을 갈망하다, 갈구하다
  - As of that point on, he began to crave for power. (그 시점 이후로 그는 권력을 갈망하기 시작했다.)
  - » 동의어 : long for, yearn for, thirst for
  - After years of war, the people long for a lasting peace. (수년간의 전쟁을 치른 터여서 국민들은 지속적인 평화를 염원하고 있다.)
  - The Syrian people yearn for freedom from oppression. (시리아 국민은 압제로부터의 자유를 갈망하고 있다.)
  - They seemed to just thirst for power. (그들은 오로지 권력에 목말라하는 것으로 보였다.)

- gross out : 역겹게 하다, 욕지기가 나오게 하다
  - His bad breath grossed me out. (그의 악취 나는 입 냄새는 나를 역겹게 했다.)

- be attracted to : ~에 매료되다, 끌리다
  - Most of people are attracted to the opposite sex. (대부분의 사람들은 이성에게 끌린다.)
  - » 동의어 : be fascinated to
  - They were fascinated to learn about an astronomer. (그들은 천문학자에 대해 배우는 것에 빠져들었다.)

8 Ways to Train Your Brain to Hate Junk Food

If unhealthy, processed food, is sabotaging your weight loss efforts, outsmart junk food cravings with these clever tricks.

Why do we crave unhealthy food?

As explained in the recent New York Times Magazine piece, "The Extraordinary Science of Addictive Junk Food." there's no denying that junk food cravings are powerful, physiological reactions—and, apparently, carefully and strategically developed by food manufacturers. Many of our favorite supermarket snacks are made with the "perfect" amounts of added sugar, salt, fat, and other chemicals designed to make us want more. But you can steer clear of processed food by eating as many healthy, whole foods as possible, and the less junk food you eat, the less you want. Try the following tips and see if they work for you.

Practice the five-ingredient rule

If there are more than five ingredients on a food label—a red flag for food processing—don't buy it. (Or if you do, consider it a treat instead of an everyday purchase). This is an easy way to avoid impulse buys like flavor-blasted chips or pre-made cookies when food shopping.

Aim for three colors

A 2012 Cornell study found that people prefer three food items and three different colors on their plates, compared with more or less of either category. So instead of reaching for a candy bar, snack on nuts (loaded with healthy fats), fruit slices, and a small square of dark chocolate to get a healthy variety of colors, textures, and nutrients.

Break your routine

It only takes a few weeks to form a habit. So if you always associate 3 p.m. with a trip to the vending machine, start a tradition to walk around the block for five minutes instead. This may kick your craving altogether.

Make healthy food your treat

One of the best, easiest desserts? Stash red grapes in the freezer, and cap off dinner with something sweet without kick-starting sugar cravings.

Keep the healthy stuff handy

Store healthy foods you want to eat more front and center in your fridge and out on your countertops. Snack foods are so easy to dig into—you just rip open a bag. If you had, say, red peppers all sliced and ready to go, they're all the more tempting to dip into hummus.

Know your trigger foods

Whether you've got a sweet tooth for chocolate and red velvet anything or love salty treats like pretzels, know the foods that send you down the spiral of junk food binging. You've already accomplished half of the battle by identifying them. Keep them out of the house.

Gross yourself out

One surefire way to consume less processed food is to learn more about what you're really eating. Here are a few that make us cringe: Those frozen "grilled chicken" breasts get their marks from a machine infused with vegetable oil. The preservative BHA is added to processed food like Tang, Kool Aid, and breakfast sausage even though Health and Human Services consider it a likely carcinogen. The vitamin D3 added to many yogurt brands is manufactured from sheeps's grease. And the "natural flavor" in BBQ Baked Lays is made with milk and chicken powder. Yuck!

Chew more than you need

Adam Melonas, renowned chef and founder of UNREAL candy (along with Nicky Bronner, a 15-year-old determined to "unjunk candy") shared this smart tip: "If you can make people chew more, they'll eat less." Next time you sneak in a treat, chew slowly and consciously. Wait until you finish one bite to take the next.

_《Reader's digest》

Joke & Riddle 유머 & 수수께끼

- 나는 평생(all my life) 공기는 무료라고(be for free) 생각하면서 살았다. 과자 봉지(a bag of crisps)를 처음 사 먹어볼 때까지는 그랬다.

- 나는 bridges of silver를 짓기도 하고, crowns of gold를 만들기도 한다. 나는 누구일까?

Answer = A dentist(치과 의사)

Wise saying & Proverb 명언 & 속담

- Every cloud has a silver lining. (어느 구름에든 은빛 가장자리가 있기 마련이다.)
  : 뭔가 어려움에 압도돼(be overcome by some difficulty) 장래의 아무런 긍정적인 길을 찾지 못한 채(be unable to see any positive way forward) 절망하는 사람에게 들려주는 격려의 말이다.

- Everyone wants to go to heaven but nobody wants to die.
  (모두들 천국 가기를 원한다면서 그 어느 누구도 죽고 싶어 하지는 않는다.)

- Faith will move mountains. (신념은 산도 움직인다.)
  : 신념은 어마어마한 힘을 발휘한다는(be immensely powerful) 뜻이다.

- Fish always stink from the head down. (생선은 언제나 머리부터 아래로 악취가 난다.)
  : 어느 국가나 조직에 부정부패(irregularities and corruption)가 만연하고(be rampant) 망조가 드는(be doomed) 것은 그 지도층이 근본 원인(root cause)이라는 얘기다.

- For every thing there is a season. (무슨 일이든 때가 있다.)
  : 어떤 것을 하든 적절한 시간(an appropriate time)이 따로 있다는 의미다.

- Fortune favors the bold. (행운은 대담한 사람의 편을 든다.)
  : 자신이 원하는 것을 용감하게 추구하는(bravely go after what they want) 사람이 마냥 안전하게 살려는(try to live safely) 사람보다 성공하게 된다는 뜻이다.

- Friendship consists in forgetting what one gives and remembering what one receives. (우정이란 준 것은 잊어버리고, 받은 것은 기억하는 데 있다.)

- Hope for the best, but prepare for the worst. (최고를 바라되, 최악을 준비하라.)
  : 나쁜 일이 언제든 일어날 수 있으니(might happen), 최악의 경우에도 미리 대비하고 있어야(be prepared) 한다는 얘기다.

- Ignorance is not innocence, but sin. (무지한 것은 천진난만한 것이 아니라 죄악이다.)

NEWS
ENGLISH 2

05

5th News

세상에 이런 일이!

If alcohol starts drinking alcohol

Albert Einstein fallen in a black hole

Confession of love

Tragedies of Princess Mermaid and Cinderella

A sad story of 'high five'

An eccentric flight attendant

Complaints of a wicked wife

A quirk of fate

The reason of looking hotter in sunglasses

If alcohol starts drinking alcohol
술이 술을 먹기 시작하면

자기 집에 든 도둑을 폭행해 뇌사 상태에 빠지게(be brain-dead) 한 20대에게 실형이 선고됐다(be sentenced to an imprisonment). 이와 관련해 정당방위, 과잉방위(self-defense or excessive self-defense) 여부가 논란에 휩싸였다(be embroiled in controversy). 최 모 씨는 오전 3시 15분쯤 집에 들어섰다가 거실 서랍장을 뒤지고(ransack the chest of drawers in the living room) 있던 도둑 김 모 씨를 발견했다.

최 씨는 곧바로 김 씨에게 달려가 주먹으로 사정없이 얼굴을 두들겨 팼다(mercilessly beat him in the face with fist). 흉기를 갖고 있지 않던 단순 절도범 김 씨는 달아나려 했지만, 최 씨는 넘어진 김 씨의 뒤통수를 발로 걷어차고 빨래 건조대와 허리띠로 마구 때려(smash him violently with a clothes

---

* ransack : 뒤지다, 약탈하다, 수라장으로 만들다
Thieves ransacked the office, taking a sack of loose change.
(도둑들이 사무실을 뒤지고 동전 한 부대를 훔쳐갔다.)

drying rack and a belt) 의식을 잃게 (lose his consciousness) 했다.

김 씨는 결국 식물인간 상태가 됐다(be in a vegetative state). 그 후 김 씨의 보호자인 친형은 식물인간이 된 동생의 병원비 부담을 견디지(bear the burden) 못하고 스스로 목숨을 끊었다(take his own life).

이에 검찰은 최 씨의 행위가 과잉 방어 수준을 넘어선 것이라며 폭력행위 등 처벌에 관한 법률(the Law on Punishment of Violent Acts) 위반 혐의로 기소했다. 결국, 1심에서 1년 6개월의 징역형이 선고됐다.

그러자 20대 청년이 아무런 저항도 하지 않고 달아나려는 50대 중반 단순 절도범의 머리를 10분 이상 무참히 폭행해 식물인간으로 만든 것은 법의 처벌을 받아 마땅하다는(deserve the punishment) 의견이 뒤따랐다.

그러나 일각에선 최 씨 입장에선 어쩔 수 없었을 것이라며 징역형은 부당하다는 반론을 제기하고 있다. 함께 사는 어머니와 누나에게 김 씨가 무슨 짓을 했을지 알 수 없는 상황에서 최 씨는 공황 상태에 빠졌고(get into a panic), 언제 벌떡 일어나 주변 흉기를 집어 들고 공격을 가해 올지 몰라 자신이 당할 수도 있다는 위기감을 느꼈을(feel fear and feeling of danger) 것이라는 얘기다. "판, 검사 당신들이 집에 들어가다가 괴한과 맞닥뜨렸다면

---

* vegetative : 식물인간 상태의, 식물 생장과 관련된
He is in a vegetative state because of a car accident. (그는 교통사고로 인해 식물인간 상태에 있다.)

(bump into an unidentified man) '이제 그만 가시려고요? 그럼 살펴가세요' 했겠느냐"고 반문하는 이도 있다.

문제는 최 씨가 새벽까지 술을 마시고 들어오던 중이었다는 사실이다. 술은 적당히 마시면 행복감과 동료애를 불러일으키지만(create a sense of happiness and camaraderie), 과음을 하면(drink to excess) 그 반대 효과가 일어난다. 특히 공격적 성격 특성을 가진(possess aggressive personality traits) 사람이 술에 취하면(get inebriated) 불길에 기름을 끼얹은(fuel a fire) 격이 된다. 만취하면(get blind drunk) 타인의 고통에 대한 감성적 감도를 떨어트려(decrease emotional sensitivity toward someone else's pain) 무자비한 짓도 서슴지 않게 된다.

술에 빠지면 질병을 얻어 건강을 잃고, 남과 싸워 사람을 잃고, 악명을 얻어 신망을 잃고, 분노에 절어 평정심을 잃는다(lose your equanimity). 술은 마음에 독을 바르고(poison the mind), 몸을 오염시키며(pollute the body), 가정을 망가뜨리고(desecrate the family), 죄인들을 격앙시킨다고(inflame sinners) 했다.

---

* inebriate : 취하게 하다, 취한, 술꾼
You should not be inebriated to be bent out of shape.
(너는 고주망태가 되도록 술에 취해서는 안 된다.)

* equanimity : 침착, 평정
He accepted the prospect of his operation with equanimity.
(그는 수술을 해야 할 가능성을 침착하게 받아들였다.)

* desecrate : 훼손하다, 더럽히다
It's a crime to desecrate the national flag. (국기를 훼손하는 것은 범죄행위이다.)

Idioms & Synonyms 관용구 & 동의어

- be embroiled in : ~에 휘말리다, 휩쓸리다
  - He is embroiled in a dispute with his neighbors. (그는 이웃들과 분쟁에 휘말려 있다.)

- take one's own life : 자살하다, 스스로 목숨을 끊다
  - She took her own life by leaping from a bridge. (그녀는 다리에서 투신자살했다.)
  - » 동의어 : kill oneself, commit suicide
  - He killed himself by taking poison. (그는 음독자살했다.)
  - She tried to commit suicide on several occasions. (그녀는 여러 차례 자살을 기도했다.)

- bump into : ~와 마주치다, 부딪치다
  - He often bumps into her inside the elevator. (그는 종종 엘리베이터 안에서 그녀와 마주친다.)
  - » 동의어 : run into, come up against
  - Guess who I ran into today. (내가 오늘 누구와 마주쳤는지 알아맞혀 봐.)
  - We expect to come up against a lot of opposition to the plan. (우리는 그 계획에 대한 많은 반대에 부딪힐 것으로 예상하고 있다.)

- get blind drunk : 만취하다, 고주망태가 되다
  - I used to get blind drunk every weekend. (나는 주말마다 만취하곤 했다.)
  - » 동의어 : get dead drunk, be drunk like a fish(fiddler)
  - He gets dead drunk on one bottle of beer. (그는 맥주 한 병에 곤드레만드레 취한다.)
  - He was drunk like a fish. (그는 고주망태가 돼 있었다.)

Albert Einstein fallen in a black hole

블랙홀에 빠진 아인슈타인

2015년은 천재 물리학자(genius physicist) 알베르트 아인슈타인이 세상을 떠난(pass away) 지 60주기, 그가 일반상대성이론(the theory of general relativity)을 완성한 지 100주년이 되는 해였다.

영화 〈인터스텔라〉에 나오는, 한 행성의 한 시간이 지구의 칠 년과 같은 기간으로 가정되는 것은 아인슈타인의 상대성이론을 근거로 하고 있다. 중력의 차이로 인해(due to the difference of gravity) 시간 차이가 발생하고, 중력이 너무 강해 빛조차 빠져나올 수 없는 블랙홀이 있다는 것도 아인슈타인의 이론에서 나왔다.

물질과 에너지의 등가(matter-energy equivalence) 원리를 설명한 아인슈타인의 가장 유명한 방정식(his most famous equation) $E=mc^2$은 '에너지가 빛의 속도를 제곱해 곱한 질량과 같다'는(be equal to the mass multiplied by

---

* equation : 방정식, 등식
He solved it with a quadratic equation. (그는 그것을 2차방정식으로 풀었다.)

the speed of light squared) 것을 나타낸다.

〈인터스텔라〉는 주인공과 딸의 이야기로 시작해 딸과의 재회로 끝난다. 아인슈타인에게도 딸이 있었다. 공개된 아인슈타인의 편지들에 따르면, 우주의 원리를 깨친 아인슈타인도 딸이 태어났다는 소식에는 "손가락 발가락 다섯 개씩 모두 달려 있느냐"고 묻는 평범한 아빠의 모습을 보였다. 사물의 이치인 물리를 터득한 사상 세계 최고의 과학자(the world's greatest ever scientist)였지만, 자기의 인생은 그 이치대로 풀어가지 못했다.

아인슈타인은 스위스 공과대학을 다니던 1902년 22세 때, 대학 동창인 여자 친구 밀레바 마리치와 사이에서 딸을 낳게 된다. 딸의 출생 소식을 들은 그는 마리치에게 편지를 썼다.

"아이는 건강해?(be healthy?) 울기는 제대로 울어?(cry properly?) 눈은 어떻게 생겼어? 우리 둘 중 누구를 더 닮았나?(Whom of us two does she resemble more?)"

이듬해 마리치와 결혼한 아인슈타인은 친구에게 보낸 편지에서 "아내와 매우 즐겁고 아늑한 삶을 살고(live a very pleasant and snug life) 있다"고 말한다. "아내가 모든 일을 훌륭히 처리해주고(take excellent care of

---

* snug : 아늑한, 포근한
  The room was clean, spacious and snug. (그 방은 깨끗하고, 넓고, 아늑했다.)

everything), 요리도 잘하고, 언제나 쾌활하다(be always cheerful)"고 자랑도 한다. 아인슈타인은 이후 두 아들을 더 낳는다.

하지만 아인슈타인은 사촌 누나인 엘사 로벤탈과 불륜을 맺게(carry on with his cousin) 된다. 그는 1912년 그녀에게 보낸 편지에서 개인적 고뇌를 토로한다(speak out of his personal anguish).

"우리 두 사람은 불쌍한 악마들(poor devils)이야. 누나에게 내가 얼마나 미안한지, 얼마나 내가 당신에게 뭔가가 돼주고 싶어 하는지 알지 못할 거야. 하지만 우리가 서로에 대한 애정에 굴복하면(give in to our affection for each other) 혼란과 불행(confusion and misfortune)만 불러올 뿐이야. 사랑해. 잠깐씩만이라도 누나 곁에 있을 수 있다면 얼마나 좋을까."

이처럼 불륜을 자책하며 도리를 지키려 애를 썼지만, 아인슈타인은 결국 아내를 버리고 사촌 누이인 로벤탈과 재혼했다. 금지된 사랑의 중력에서 빠져나오지 못한 채 블랙홀에 빠져버린 것이다.

그 후 로벤탈은 결혼 17년째 되던 60세에 세상을 떠났고, 아인슈타인은 1955년 76세의 나이로 생을 마감했다(die at the age of 76).

---

* anguish : 괴로움, 비통
  She felt anguish when her pet dog died. (그녀는 애완견이 죽자 비통해했다.)

* affection : 애정, 애착
  It's natural that parents have affection for their children.
  (부모가 자식들에게 애정을 갖는 것은 자연스러운 일이다.)

* misfortune : 불운, 불행
  He imputed his failure to his misfortune. (그는 자신의 실패를 불운 탓으로 돌렸다.)

Idioms & Synonyms 관용구 & 동의어

- due to : ~로 인해, ~때문에
  - The flight is delayed due to bad weather. (악천후로 인해 비행기가 지연되고 있다.)
  - » 동의어 : owing to, because of
  - The game was cancelled owing to torrential rain. (그 경기는 폭우로 인해 취소됐다.)
  - They delayed their departure by a day because of the snowstorm. (그들은 눈보라 때문에 출발을 하루 연기했다.)

- take care of : 돌보다, 뒷바라지하다
  - He made up his mind to take care of the bereaved family. (그는 유족의 뒤를 돌봐주기로 마음먹었다.)
  - » 동의어 : look after, care for
  - Don't worry, I'll look after her. (걱정 마라. 내가 그녀를 돌봐줄게.)
  - She cares for her elderly parents. (그녀는 연로한 부모님을 보살피고 있다.)

- carry on with : ~와 바람을 피우다
  - She carried on with a married man and even had a child with him. (그녀는 유부남과 바람을 피워 아이까지 낳았다.)
  - » 동의어 : have an affair with, cheat on
  - He had an affair with his secretary. (그는 자신의 비서와 바람을 피웠다.)
  - He insisted that he didn't cheat on her wife. (그는 자신의 아내를 속이고 바람을 피우지 않았다고 주장했다.)

Inside the mind that came up with the world's most famous equation

Huge archive of Einstein's documents reveal how he got to $E=mc^2$ - and touching letters to his future wife

It is a treasure trove of letters, notebooks, post cards and papers charting the life of one of the world's greatest ever scientists.

A mammoth collection of 5,000 searchable documents from Albert Einstein's earlier years is being made freely available to the public on the internet.

The archive ranges from charming letters to his future wife Mileva Mari? after the birth of their first child to his battle to come to terms with fame and his stance as a pacifist in the wake of the First World War.

But it also highlights his prolific output as a physicist as well as lecture notes, extensive workings and a a telegram informing him he had won the Nobel Prize in physics in 1921 for the photoelectric effect.

It includes documents about his most famous equation $E=mc^2$, which said that the energy 'stored' in objects is equal to their mass multiplied by the speed of light squared.

The transcribed and translated Digital Einstein Papers take readers on a journey through the life of the genius from 1879 to 1923, when he turned 44 – and anyone with an internet connection can now browse through the archive.

It includes letters from a 22-year-old Einstein to his former classmate Mari?, sent to her from Berne in Switzerland, in February 1902.
It reveals his joy at learning of the birth of his daughter.

Writing to his 'beloved sweetheart', he asks of baby Lieserl: 'Is she healthy and does she already cry properly? What kind of little eyes does she have? Whom of us two does she resemble more? Who is giving her milk? Is she hungry? And so she is completely bald. I love her so much and I don't even know her yet!

'Couldn't she be photographed once you are totally healthy again? Will she soon be able to turn her eyes toward something?'

In 1903, he wrote to his friend Michele Besso that he was living a 'very pleasant, cozy life with my wife'.

'She takes excellent care of everything, cooks well, and is always cheerful,' he wrote.

The pair would go on to have two sons but Einstein later began an affair with his cousin, Elsa Löwenthal.

In one letter to her on May 7 1912, he writes: 'Both of us are poor devils, each shackled to his unrelenting duties. I cannot tell you how sorry I am for you, and how much I would like to be something to you.

'But if we give in to our affection for each other, only confusion and misfortune will result. You know this only too well.

He continues: 'I love you. I would be happy if I were allowed to walk a few steps at your side even if only from time to time, or if I could otherwise rejoice in being close to you.'

He later married Löwenthal, who had children of her own, after Mari? granted a divorce.

In other letters he describes how fame was affecting his personal life, writing that 'The postman is my archenemy, I cannot shake myself loose from his slavery'.

And the scientist, who died at the age of 76, sets out his pacifist stance following the horrors of the First World War writing to hi friend Carl Herman Unthan: 'I must admit that it always pains me when the few little blossoms that grew in my flowerbed must suffer by being used to decorate the banner of nationalism.

'For I am a pacifist and, in these times of hate, am steadily intent on encouraging reconciliation.'

Having documented the first 44 years of his life, the team behind the project plans to add more volumes to the archive as they are compiled and printed. The 14th volume, with more than 1,000 documents, is set to be released in January and will be digitised at a later date.

The website is a collaboration involving the California Institute of Technology (Caltech), Princeton University Press and the Hebrew University of Jerusalem. It includes both the German originals and the English translations.

Diana Kormos-Buchwald, director of the Einstein Papers Project at Caltech is quoted by the Los Angeles Daily News as saying: 'This is an ongoing project. We have reached his 44th birthday.

'People from China to South America and India and many other places where they don't have access to these volumes will be able to access these materials.'

'These volumes are usually of interest to specialists, and we hope to widen the interest considerably.'

_《The Sunday Times》, December 7, 2014

Joke & Riddle 유머 & 수수께끼

- 두 남자가 인생에 대해 대화를 나누고 있다. 한 남자가 말한다.
  "결혼하려고(get married) 해. 엉망진창인 아파트(messy apartment), 더러운 그릇들(dirty dishes)에 입을 옷도 없고(no clothes to wear), 이젠 지겨워."
  다른 남자가 말한다. "이봐, 나는 그 똑같은 이유들 때문에 이혼하려고(get divorced for the same reasons) 하고 있어."

- 수학책은 왜 늘 그렇게 슬퍼하고 있는 걸까?

Answer = It's got too many problems! (문제가 너무 많아서!)

Confession of love
사랑 고백

사랑에 빠지면(fall in love with somebody) 잠들고(fall asleep) 싶지 않게 된다. 깨어 있는 현실이 꿈속보다 더 몽환적이고 아늑하기(be more dreamlike and comfier) 때문이다. 그렇게 잠을 설치고 또 만나니 '난 네가 곁에 있을 때조차(even if you are next to me) 네가 보고 싶어' 이런 헛소리도 하게 된다.

사랑은 두 사람이 해서 둘 다 이길 수 있는 게임이다. 다른 경기들과 달리 어둠을 이유로 취소되는 경우도 없다(be never called off on account of darkness). 누군가를 왜 사랑하는지 답하는 것은 물이 어떤 맛인가 설명하는(explain what water tastes like) 것보다 훨씬 어렵다. 알베르트 아인슈타인은 "한 가지 과학적으로 분명한 것은 중력 때문에(owing to the gravitation) 남녀가 사랑에 빠지는 건 아니라는 사실"이라고 했다.

---

* comfy : 안락한, 편안한
  The room is warm and comfy. (그 방은 따스하고 안락하다.)

사랑에서 무엇보다 어려운 건 고백이다. 누구나 사랑이라는 단어를 처음 말하는 쪽이 되는 데 공포증을 갖고(have a phobia about being the first to say the 'L' word) 있다. 상대가 받아주지 않으면 어쩌나 두려워서다.

그럼 '나 너 사랑한다' 고백하기에 적당한 때는 언제일까. 너무 이르면 처절해 보이고(look desperate), 너무 늦으면 놓칠 수 있다. 그 한마디로 관계를 맺기도, 깨기도 한다(make or break a relationship). 적절한 때 고백하면(confess your love at the right time) 둘이서 샴페인 잔을 부딪게 되지만, 부적절한 때 불쑥 말했다가는(blurt it out at the wrong time) 혼자 독한 술을 홀짝여야(keep sipping a stiff drink) 한다.

상대가 내놓아야 할 유일한 정답(only one correct response)은 "나도 사랑해"뿐이다. "나도 네가 싫지는 않은데……", "넌 정말 귀여워(be awfully sweet)"라고 운을 떼면 이미 게임은 콜드패(敗)로 끝난 거다.

---

* phobia : 공포증, 혐오증
He had a phobia of water, so he refused to swim. (그는 물 공포증이 있어 수영하기를 거부했다.)

* desperate : 자포자기하는, 필사적인, 극단적인
Doctors were fighting a desperate battle to save the little girl's life.
(의사들은 그 어린 소녀의 생명을 구하기 위해 필사적인 싸움을 벌이고 있었다.)

마음속 간직했던 비밀을 털어놓는(let the cat out of the bag) 건 두 사람 간에 말이 통한다고(speak the same language) 느껴진 이후에 해야 한다. 속이 타올라 터져버릴(internally combust and burst) 것 같은 때까지 기다리는 것이 낫다. 진지하게 사귄(go steady) 지 세 달밖에 안 됐는데 사랑 운운하며 불쑥 말하는(trot it out) 건 서로 미덥지 않다. 완전한 최대 효과를 위해선(for absolute maximum impact) 최소 여섯 달은 지나는 것이 좋다고 한다.

"나 너 사랑해" 말해놓고 "넌 나 사랑해?" 질문을 덧붙이는 건 금물이다(be off limits). 안 물어봐도 당장이든 나중에든 뭔 말인가 할 터인데, "그런 것 같아" 소리 끌어내봐야 의미 없다. "나 너 사랑하는 것 같아"라는 표현도 피해야 한다. "나는 사랑을 가슴이 아니라 생각으로 한다"고 말하는 것이나 다름없다.

사랑은 되돌아갈 길이 더 이상 보이지 않을 때 비로소 사랑이라고 한다. 예뻐서 사랑하는 게 아니라 사랑하니까 예뻐 보여야 한다. 천만번 사랑한다고 외쳐도 이루어지지 않는 게 사랑이지만, 헤어지자는 말 한마디면 끝나는 게 사랑이다. 진정한 사랑은 유령과 같다고(be like ghosts) 한다. 있다고들 말은 하는데, 진짜로 본 사람은 많지 않아서다.

---

* combust : 연소하다, 불붙다
  The material doesn't spontaneously combust. (그 물질은 자연적으로 연소하지 않는다.)

* burst : 터지다, 파열시키다
  I ate too much and now I'm about to burst. (나는 너무 많이 먹어서 배가 터질 것 같다.)

Idioms & Synonyms 관용구 & 동의어

- call off : 취소하다, 철회하다
  - They had to call off everything on account of rain.
  (그들은 비 때문에 모든 것을 취소할 수밖에 없었다.)

- let the cat out of the bag : 무심코 비밀을 털어놓다, 아무 생각 없이 말해버리다
  - She doesn't know how she let the cat out of the bag.
  (그녀는 자신이 어떻게 비밀을 누설해버렸는지 알지 못한다.)

- go steady : 진지하게 사귀다, 정식으로 교제하다
  - Nobody will go steady with her. (어느 누구도 그녀와 정식으로 사귀려고 하지 않을 것이다.)
  » 동의어 : go out with
  - He is a man loose in the rump, so don't go out with him.
  (그는 바람기 있는 남자이니 사귀지 마라.)

- trot out : 별 생각 없이 말하다, 늘 하던 대로 둘러대다, 내어놓다
  - The politician trotted out the same old excuses for the lack of jobs in his constituency.
  (그 정치인은 자기 지역구의 일자리 부족에 대해 똑같은 낡은 변명을 늘어놓았다.)

Tragedies of Princess Mermaid and Cinderella

인어공주와 신데렐라의 비극

에볼라 바이러스 공포, 이스라엘과 팔레스타인의 살육전(internecine war), 미국의 이라크 공습, 우크라이나 친러시아 반군의 여객기 격추, 중국 윈난(雲南)성의 강진(severe earthquake) 등 세계 곳곳에 재앙이 끊이지 않고 있다. 만약 디즈니 만화영화 주인공들(animated characters)이 이런 암울한 현실 세계에 살았다면(live in the grim real world) 어찌 됐을까.

미국 뉴욕에서 활동 중인 한국계 애니메이션 아티스트 제프 홍 씨가 그린 그림이 논란을 일으키고(arouse a controversy) 있다.

〈그 후로 쭉 불행하게(Unhappily ever after)〉라는 제목이 달린 이 그림들은 '꿈이 이뤄지는 곳(where dreams come true)'이라는 디즈니의 모토를 무색케 하는(put it in the shade) 만화영화 주인공들의 절망적 모습을 묘사하고 있다(describe their desperate scenes).

인어공주(Princess Mermaid)는 유출된 기름으로 뒤덮인 채 해변에 쓸려 나와(be washed up on a beach covered in oil spill) 고통스러운 표정을 짓고(have a pained look on her face) 있다. 곰돌이 위니 더 푸는 울창한 숲에서 끄

집어내져(be plucked from the thick forest) 삼림 벌채로 파괴된 곳에 내버려진 채(be dumped in an area of deforestation) 울고 있다.

신데렐라는 누더기가 다 된 무도회 드레스를 걸친 모습으로 한밤중 지저분한 골목에 숨어(lurk in a dirty alley at night with her ball gown in tatters) 두려움에 떨고 있고(tremble with fear), 미녀와 야수의 주인공 벨은 더 예뻐지겠다며 얼굴에 (수술 부위) 표시를 한 채 성형외과 의사 방에 앉아(sit in a plastic surgeon's room with her face marked up) 거울을 들여다보고(look in the mirror) 있다.

이상한 나라의 앨리스는 손에 수상한 액체 병을 들고 거리를 배회하는(wander around the streets with a suspicious-looking bottle of liquid) 모습인데, 움푹 팬 수척한 얼굴(her hollowed-out and gaunt face)은 헤로인에 중독된(be addicted to heroin) 것이 분명해 보인다.

---

* pluck : 뽑다, 뜯다, 따다
  I plucked out one of my father's gray hairs. (나는 아버지의 흰 머리카락 중 한 올을 뽑아냈다.)

* lurk : 숨어 있다, 잠복하다, 도사리다
  A crocodile was lurking just below the surface.
  (악어 한 마리가 수면 바로 아래에 도사리고 있었다.)

* gaunt : 수척한, 아주 여윈, 삭막한
  Their faces were gaunt and desolate. (그들의 얼굴은 수척했고, 황량했다.)

그런가 하면 중국을 훈족(族)으로부터 구한 설화 속 소녀 목란(木蘭)을 각색한 만화영화 주인공 뮬란은 스모그에 찌든 길거리를 걸어 다니다(walk around the smoggy streets) 마스크를 쓰고는(be forced to wear a face mask) 황망해한다. 아기 사슴 밤비는 목이 잘려(get beheaded) 박제 벽걸이 장식이 돼 있고(turn into a taxidermied wall trophy), 꼬마 닭 주인공 리틀 치킨은 켄터키 프라이드 치킨 가게 앞에 서 있는 자신을 발견하곤 공포에 떤다(quiver with horror).

이 모든 그림은 참혹한 인간 세상을 빗대고(allude to the horrendous world of human beings) 있다. 홍 씨는 자칫 동심에 상처를 줄 이런 그림을 그린 이유에 대해 "누구나 가슴속에 간직하고 있는 만화영화 주인공들의 가슴 아픈 모습(heart-wrenching scenes)을 통해 피폐해진 우리 세상에 경종을 울리고(raise the alarm) 싶었다"고 말한다.

---

* behead : 목을 베다, 참수하다
  They decided to behead the traitors. (그들은 반역자들을 참수형에 처했다.)

* quiver : 떨다, 흔들리다
  Her lip quivered before she started to cry. (그녀의 입술이 떨리더니 울기 시작했다.)

Idioms & Synonyms 관용구 & 동의어

• put in the shade : ~을 무색하게 하다, 보잘것없게 만들다

- He tried hard but her work put his in the shade.

(그도 열심히 노력했지만 그녀의 작품은 그의 작품을 무색하게 만들었다.)

» 동의어 : put to shame

- Their presentation put ours to shame. (그들의 발표는 우리 발표를 무안하게 만들었다.)

• in tatters : 너덜너덜 해어진, 갈기갈기 찢긴

- The government's education policy lies in tatters. (정부의 교육정책은 누더기가 된 상태이다.)

» 동의어 : in shreds

- The country's economy is in shreds. (그 나라의 경제는 거덜이 난 상태이다.)

• tremble with : ~로(에) 떨다

- She trembled with fear as the robber pointed his gun at her.

(그녀는 강도가 자신에게 총을 겨누자 두려움에 떨었다.)

» 동의어 : shiver with, quiver with, shudder with

- Here's something that will make you shiver with fear.

(여기에 여러분을 공포에 떨게 할 것이 있다.)

- She quivered with rage at the insult. (그녀는 모욕을 받고 분노에 치를 떨었다.)

- Alone in the car, she shuddered with fear. (차 안에 홀로 있던 그녀는 두려움에 떨었다.)

• allude to : ~을 넌지시 언급하다, 내비치다, 암시하다

- His speech alluded to the problem of current education system.

(그의 연설은 현재 교육제도의 문제점들에 대해 넌지시 언급했다.)

• raise the alarm : 경고를 하다, 경보를 울리다

- They raised the alarm when rate jumped, since financing plays a major role in home purchases.

(주택 구입에 자금 융자가 중요한 역할을 하기 때문에 금리가 급등하자 그들은 경보를 울리고 나섰다.)

Not so happily ever after! Disney characters battle poverty, natural disaster and pollution as artist imagines them in the 'real world'

Disney's motto is 'where dreams come true' but a new art series puts a nightmarish spin on things.

New York-based animation artist Jeff Hong, 35, has imagined some of the company's most popular characters battling the grim conditions of the real world.

For instance, on his Tumblr, Unhappily Ever After, one image sees Ariel washed up on a beach covered in oil spill - a far cry from the pollution-free ocean she inhabits in The Little Mermaid.

Another shot shows Winnie the Pooh plucked from The Hundred Acre Wood and dumped in an area of deforestation, causing him to sit in tears.

And Mulan is forced to wear a face mask as she walks around the smoggy streets of contemporary China.

Animal cruelty is another theme of Mr Hong's series.

One artwork shows Dumbo cowering in the background as a circus master holds a whip in a blood-stained hand in the foreground.

And the puppies from 101 Dalmatians are seen locked in small dog pound cages.

Remy from Ratatouille also gets a rough deal, losing free rein of the kitchen for the confines of an animal testing laboratory, while Bambi gets beheaded and turned into a wall trophy.

Chicken Little manages to escape peril but quivers with terror as he suddenly realizes he's stood outside of Kentucky Fried Chicken.
When it comes to the Disney Princesses their knights in shining armor are nowhere to be seen.
Cinderella lurks in a dirty alley at night with her ball gown in tatters and Belle from Beauty and the Beast is seen with her face marked up in a plastic surgeon's room in a bid to better her appearance.
Alice from Alice and Wonderland looks as equally as lost in the world as she wanders around the streets with a suspicious-looking bottle of liquid in her hand. Her hollowed-out, gaunt appearance suggests heroin addiction.

Explaining the inspiration for his Unhappily Ever After series Mr Hong told the Huffington Post: 'The idea just popped in my head to put Disney princesses into environments that they wouldn't be associated with.'
'Once I started putting them together, I realized a lot of social issues that are always important to me could be woven in as well.'
'I think that's what has made it really successful and a bit controversial as well, so I'm glad it has started debates and discussions on the issues of racism, animal abuse, drugs, etc.'

Mr Hong highlights on his Tumblr page that he is actually a 'big fan' of Disney animation.
Indeed, he has worked on an array of projects for Walt Disney over his 16-year career. However, unlike his latest series, he embraced the 'fairytale ending' on each occasion.

_《Daily Mail》, May 20, 2014

A sad story of 'high five'
'하이 파이브'에 얽힌 슬픈 이야기

스포츠 경기에서 승리하거나 우승을 하면 선수들끼리 연신 '하이 파이브'를 하며(slap high-fives) 기쁨을 나눈다. '하이 파이브'는 손을 벌려 머리 위로 추켜올리고(raise open hands above head level) 손바닥을 함께 마주치는(slap their palms together) 동작이다.

이 동작을 '창시'한 사람은 LA다저스의 선수였던 글렌 버크라는 것이 정설(widely-accepted theory)이다. 1977년 10월 2일 다저스가 휴스턴 애스트로스와 시즌 마지막 홈경기를 벌일 때였다. 6회말(in the bottom of the sixth inning) 더스티 베이커가 3점 홈런을 쳐내 동점을 만들었다(hit a three-run home-run to tie the score). 당시 더그아웃에 있던 버크가 뛰어나가 두 손을 머리 위로 쳐들고(thrust his hands over his head) 홈으로 들어오는 베이커를 맞이했다.

---

* slap : 철썩 때리다, 갈기다
His father slapped on his face in a fit of pique. (그의 아버지는 화가 나서 그의 빰을 때렸다.)

베이커는 이상한 자세로 환영해주는 버크에게 어찌해야 할지 몰라 자신도 두 팔을 들어 손바닥을 쳤다(smack his palms). 이어 타석에 나선(go to bat) 버크 본인도 홈런을 날렸고(clout for the circuit), 이번엔 베이커가 똑같은 동작으로 축하해줬다. 이것이 '하이 파이브'의 효시가 된 것이다.

1952년생인 버크는 고교 때부터 만능선수로 각광받다가(get the limelight as an all-round athlete) 1972년 드래프트 때 다저스에 선발돼 프로 생활을 시작했다(embark on his professional career). 셔츠 안에 수건을 집어넣고(stuff towels under his shirt) 안짱다리로 뒤뚱뒤뚱 더그아웃을 돌아다니며(waddle bowlegged around the dugout) 감독 흉내를 내는 등 익살을 부려 팬들에게 가장 인기 있는 선수가 됐다. 둘레 43센티미터 이두박근(43cm biceps) 등 타고난 체격 덕분에(in virtue of a gifted physique) '킹콩'이라는 애칭도 얻었다(earn the nickname 'King Kong').

그런데 동성애자인 사실이 알려지면서 편견과 오도된 분노의 소용돌이

---

* thrust : 밀다, 찌르다
  He thrust her out of a train. (그는 그녀를 열차에서 밀쳐버렸다.)

* waddle : 뒤뚱거리며 걷다, 어기적거리다
  The fat man waddled up the stairs. (그 뚱뚱한 남자는 뒤뚱뒤뚱 계단을 올라갔다.)

에 만신창이가 됐다(be thoroughly hurt in a spire of prejudice and misdirected anger). 절친한 친구가 팀 동료들에게 무심코 말해버린(blurt out) 것이다. 동료들로부터도 배척을 당한 그는 방출됐고, 새 팀에서도 조롱과 멸시를 당하다(be mocked and despised) 스물일곱의 나이로 끝내 야구계를 떠나야 했다.

삶은 더욱 처참해졌다(get more wretched). 동성애자 소프트볼 리그에 들어가 나름 안정을 찾았지만 또 한 번 비극적 전기를 맞게 된다(take a tragic turn). 1987년 과속 차량에 치여 오른쪽 다리가 네 조각이 났다. 우울증에 빠져 마약에 손을 댔고(spiral into a depression and turn to drugs) 돈이 떨어지면 도둑질까지 했다. 결국 감옥살이를 하다가(be put behind bars) 무일푼으로 풀려나(be released penniless) 노숙자가 된 그는 구걸을 하고 친구들로부터 얻어먹으며 연명하다(barely manage to stay alive panhandling and mooching off friends) 1995년 5월 30일 세상을 떠났다. 당시 그는 에이즈까지 걸린 상태였다.

한 신문의 부고기사는 "하이 파이브를 만든 그가 누구의 하이 파이브도 받지 못한 채 쓸쓸히 세상을 등졌다(turn his back on the world all by himself)"고 글렌 버크의 생애 마지막을 기록했다.

---

* despise : 경멸하다, 업신여기다
Don't you know why they despise him so much?
(그들이 그를 왜 그토록 멸시하는지 당신은 모르는가?)

* panhandle : 구걸하다, 빌어먹다
There are some villains who force the children to panhandle.
(아이들에게 구걸을 하도록 강요하는 악한 자들이 있다.)

Idioms & Synonyms 관용구 & 동의어

- get the limelight : 각광을 받다, 세상의 이목을 끌다
  - The main actress gets the limelight while others take the flak.
    (다른 배우들은 맹비난을 받는데 여자 주연배우는 각광을 받고 있다.)

- embark on : ~에 착수하다, 나서다, 시작하다
  - She is about to embark on a new journey. (그녀는 새로운 여정에 나서려고 한다.)

- in virtue of : ~의 덕분에, 때문에, ~에 의해
  - He acquired the right in virtue of a treaty. (그는 조약 덕분에 그 권리를 얻었다.)

- blurt out : 무심결에 말하다, 불쑥 말하다
  - I didn't mean to blurt it out like that. (나는 그렇게 불쑥 말해버릴 의도가 있었던 게 아니다.)

  » 동의어 : let slip
  - She tried not to let slip what she knew.
    (그녀는 자신이 알고 있는 것을 발설하지 않으려고 애를 썼다.)

- be put behind bars : 감옥에 갇히다, 수감되다
  - People like you have to be put behind bars. (너 같은 인간들은 콩밥 좀 먹어야 해.)

  » 동의어 : be imprisoned, be incarcerated
  - He was imprisoned for 18 months on charges of theft. (그는 절도 혐의로 18개월 동안 투옥됐다.)
  - This right shouldn't be lost even when an individual is incarcerated.
    (이 권리는 투옥된다고 해도 상실되는 것이 아니다.)

- turn one's back on the world : 세상을 등지다
  - His grandmother turned her back on the world three months ago.
    (그의 할머니는 3개월 전에 세상을 떠나셨다.)

An eccentric flight attendant
괴짜 스튜어디스

여객기가 이륙하기(take off) 직전, 승객과 승무원(flight attendant)들 사이에 잠깐 어색한 시간(an awkward time)이 있다. 늘 똑같은 비행 안전 수칙 안내 방송에 따라(in accordance with the same old flight safety announcement) 가식적인 미소를 지으며(put on a fake smile) 로봇처럼 시범을 보이는(give a demonstration like a robot) 스튜어디스들, 공부하라 하면 자리 깔고 눕는 애들처럼 꼭 딴짓하는 승객들, 서로가 마뜩잖다.

미국 사우스웨스트항공의 한 스튜어디스가 안전 수칙에 재치 있게 유머를 섞어(cleverishly mix humor with safety instructions) 이런 분위기를 일

---

* fake : 가짜의, 모조의
  North Korea has put fake bills in circulation. (북한은 위조지폐를 유통시켜왔다.)

* fervent : 열렬한, 강렬한
  Each candidate pleaded for the voters' fervent support.
  (각 후보는 유권자들의 열렬한 지지를 호소했다.)

신해(freshen up the atmosphere) 열띤 호응을 얻고 있다(win fervent response).

예를 들면(for instance) 이런 식이다. "안전벨트는 금속 고리 부분을 잠금장치에 끼워 넣고(insert the metal tab into the buckle) 꽉 졸라매신(pull it tight) 뒤……" 하고는 "엉덩이 아래쪽에 단단히 걸쳐주세요(position it tight and low across your hips). 할머니가 받침용 브래지어 착용하시듯(wear her support brassiere) 하면 됩니다"라고 너스레를 떤다(make idle remarks).

의자 뒤 주머니에 쓰레기나 기타 오물을 집어넣지(stuff litter and other refuse into the seatback pocket) 말라고 할 때는 이렇게 말한다.

"그 안에는 추첨 경품이 준비돼 있습니다. 지저분한 마름모꼴 냅킨(dirty diaper), 껌 포장지(chewing gum wrapper), 바나나 껍질(banana peel) 등 여러 분께서 이따금 저희를 위해 남겨주신(leave for us from time to time) 선물들이 들어 있습니다."

구명조끼(life vest)를 설명하면서는 "혹시라도 바다에 불시착할 경우(in the unlikely event of a water landing) 입으시라고 작은 노란색 비키니(teeny

---

* teeny weeny : 아주 작은
  They live in a teeny weeny room, barely making ends meet.
  (그들은 단칸방에서 겨우 겨우 살아가고 있다.)

weeny yellow bikini)도 준비해놓았습니다"라고 말한다. 또 "담배 피우다 걸리시면(be caught smoking) 비행기 바깥 흡연 장소로 안내해드리겠습니다. 거기에선 영화 〈바람과 함께 사라지다〉를 보실(watch the movie 'Gone with the Wind') 수 있습니다", "기내는 흡연 금지(no-smoking)와 아울러 투덜거림 금지(no-whining), 불평 금지(no-complaining) 구역입니다"라고 익살을 부린다(break a jest).

이런 '발칙한 말'도 덧붙인다(add a 'rude remark').

"여러분의 비행을 저희가 보다 쾌적하게 해드릴 수 있는 것이 있으면 …… 목적지 공항에 착륙한(land at the destination airport) 뒤에 말씀해주시기 바랍니다. 저희의 쾌적한 비행을 위해 승객 여러분이 해주실 수 있는 건 바로바로 말씀드리겠습니다."

목적지 도착 후 작별 인사도 걸작이다(be hilarious).

"소지품 빠짐없이 챙겨 가시기 바랍니다(Be sure to take all of your belongings). 놓고 내리시는 모든 것(anything left behind)은 승무원들이 다 나눠 가질 겁니다. 특히 남편 또는 아내 놓고 가지 마세요."

---

* hilarious : 아주 우스운, 재미있는
  The actor is hilarious in his new film. (그는 새 영화에서 아주 웃긴다.)

* belongings : 소유물, 재산, 소지품
  Please make sure you pick all your belongings. (여러분의 소지품을 꼭 챙기시기 바랍니다.)

Idioms & Synonyms 관용구 & 동의어

- take off : 이륙하다, 도약하다
  - The airline says it had no knowledge of the security breach before the airplane took off. (항공사 측에선 그 비행기가 이륙하기 전의 안전 위반에 대해 알지 못했다고 말한다.)

  » 동의어 : lift off
  - The space shuttle won't lift off the launch pad until the day after tomorrow at the earliest. (그 우주왕복선은 빨라야 모레 발사대에서 이륙하게 될 것이다.)

- in accordance with : ~에 따라서, ~에 부합되게, ~에 준하여
  - You should behave in accordance with your station in life. (자신의 분에 맞게 행동해야 한다.)

  » 동의어 : in proportion to
  - The payment will be in proportion to the work done. (보수는 작업량에 준하여 지급될 것이다.)

- give a demonstration : 시연해 보이다, 보여주다
  - Will you please give me a demonstration? (저에게 시범을 한번 보여주지 않겠습니까?)

- make idle remarks : 너스레를 떨다, 허튼 소리를 하다
  - He made idle remarks about what he had done. (그는 자신이 한 일에 대해 너스레를 떨었다.)

- break a jest : 농담하다, 익살을 부리다
  - He likes to break a jest to his girlfriend. (그는 여자 친구에게 익살 부리기를 좋아한다.)

Watch: This Flight Attendant Actually Had People Roaring With Laughter During Her Safety Presentation

Most well-seasoned air travelers know the drill: The moment you hear the words "brief safety demonstration," you probably tune out and crack open your book.

But a Southwest Airlines flight attendant who "had a long day" used a bit of humor and successfully commanded the attention of the entire cabin.

"My ex-husband, my new boyfriend and their divorce attorney are going to show you the safety features of this Boeing 737 800 series," the flight attendant, identified by Digital Journal as Marty Cobb, said, eliciting laughs from the passengers heading to Salt Lake City.

Here are a few of the highlights from her comedy sketch posted to YouTube Saturday:
-"Position your seat belt tight and low against your hips, like my grandmother wears her support bra."
"Everybody gets a door prize in the seatback pocket in front of you — along with dirty diapers, chewing gum wrappers, banana peels and all other gifts you leave for us from time to time — it's the safety information card."

-In the unlikely event of a water landing, "everyone gets their very own, teenie weenie yellow Southwest bikini."

-"As you know it's a no-smoking, no-whining, no-complaining flight. It's a please and thank you, and you are such a good looking flight attendant flight."

-"If you're traveling with small children … we're sorry."

-"Basically, just do what we say and nobody gets hurt."

Watch the whole sketch for yourself:

"This is why I love #SouthwestAirlines […] Their employees enjoy their jobs!" a commenter on the YouTube video wrote.

_《the blaze》, April 14, 2014

Joke & Riddle 유머 & 수수께끼

- "2월은 행진을 할 수 있을까?(Can February March?)"
  "아니, 하지만 4월은 그럴 수 있을 거야(No, but April May)."

- 아침에는 머리를 잃었다가 밤이 되면 머리를 되찾는(get it back at night) 것은?

Answer = pillow(베개)

Complaints of a wicked wife

악처(惡妻)의 넋두리

〈적과의 동침〉이라는 영화가 있었다. 결벽증(mysophobia)에 가정 폭력을 일삼는(do domestic violence habitually) 남편에게서 벗어나려는 아내의 탈출기(an account of escape)를 그린 영화다.

그런데 최근엔 가해자(perpetrator)와 피해자(victim)가 뒤바뀌고 있다. 아내에게 얻어맞으며 사는 남편이 적지 않다. 꼬집는(give a pinch) 건 애교(coquettish charm)일 정도다.

여성을 'the gentle sex', 'the fair sex', 'the softer sex' 'the weaker sex', 'the second sex'라고 해왔는데, 요즘 여성들은 그 '문명'을 뒤엎어 놓고(turn the civilization on its head) 있다. 한 영국 주부는 이렇게 고

---

* perpetrator : 범인, 가해자
  The perpetrator was arrested at the scene. (범인은 현장에서 체포됐다.)

* coquettish : 요염한, 교태를 부리는
  He completely fell for her at her coquettish charm. (그는 그녀의 요염한 매력에 넘어가고 말았다.)

백한다.

「남편을 향해 파스타 접시를 내던졌다. 어깨에 들러붙은 면발에 망연자실한(be stunned with noodle stripes clinging to his shoulder) 그에게 독설을 퍼부었다(make biting remarks).

"당신은 완전히 실패한 인생(a complete failure)이라고."

나도 내가 악처(a wiciked wife)라는 것을 알고 있다. 15년 결혼 생활 동안 알 수 없는 뭔가가 내 안에 설명할 수 없는 분노를 일으켜(arouse an inexplicable wrath) 감정의 수류탄을 내던지곤(lob emotional hand grenades) 했다. 남편이 나에게 내던진 건 없었다. 심한 도발을 해도(despite some serious provocations) 화가 나 손을 올리는(raise a hand in anger) 일도 없었다.

결혼하기 전엔(before walking down the aisle) 나이가 들면 더 성숙해지리라 믿었다. 그런데 살다 보니 집안일이다 뭐다 해서 끊임없는 부부싸움(perpetual marital dispute)을 하게 된다. 부부싸움은 나를 수시로 괴물로 만

---

* stun : 실신시키다, 얼이 빠지게 하다
When I heard the news, I was stunned. (나는 그 소식을 듣고 까무러칠듯 놀랐다.)

* wrath : 분노, 노여움
His outburst of wrath gave us a jolt. (그가 버럭 화를 내 우리를 놀라게 했다.)

* perpetual : 끊임없이 계속되는, 영구적인
They are living in a perpetual state of fear. (그들은 끊임없이 계속되는 공포 속에서 살고 있다.)

든다(turn me into an occasional monster). 나는 직장 일과 가정생활을 잘 병행하지(successfully juggle a career with family life) 못하는 남자는 당신뿐이라고 악담을 퍼붓는다(curse and swear).

어떻게든 해보려 애쓰는 노력을 다른 남자들과 비교해 폄하해버린다(diminish his efforts by comparing them to those of other men). 잔소리만 퍼붓는다(give him a good scolding). 풀이 죽어(feel cheap) 나가는 등에 대고 소리를 지른다(scream at his retreating back).

"남자면 남자답게 좀 해보라고(Man up and get over it)."

나도 예전에는 이렇지 않았다. 움츠린 남편이 방구석에서 위안을 찾게 몰아붙이는(force him to seek solace in the corner of a room) 성질 못된 여자(a harridan)가 되리라곤 생각도 못했다. 남편 코 바로 앞에 문을 쾅 닫고(slam a door a whisker from his nose) 나가버리는 여자가 될 줄 몰랐다. 남편에게 미안한 줄 안다. 힘도 그렇고 돈 벌 능력도 없고 하니 일이 꼬이고 불안하면 여자가 할 수 있는 게 소리 지르는 것밖에 더 있겠나.

미국 작가 너대니얼 호손은 원래 세관(稅關) 직원이었는데 어느 날 해고당했다. 집에 돌아가 아내에게 털어놓자 아무 말 없이 펜과 잉크, 종이를 갖다 놓으며 말했다.

"이제 마음 놓고 글 쓸 수 있게 됐네요."

그래서 나온 작품이 불후의 명작(immortal work) 《주홍글씨》이다.

Idioms & Synonyms 관용구 & 동의어

- turn ~ on its head : ~을 근본적으로 뒤엎다, 완전히 뒤집어 생각하게 하다
  - It is pointless trying to turn the argument on its head.
    (그 주장을 완전히 뒤엎는다는 것은 무의미하다.)

- make biting remarks : 독설을 퍼붓다, 신랄한 언사를 쓰다
  - She made biting remarks about the movie. (그녀는 그 영화에 대해 혹평을 쏟아냈다.)
  - » 동의어 : make spiteful(blistering, caustic, cutting) remarks
  - Please, try to avoid making spiteful remarks about other contestants.
    (다른 참가자들에게 독설을 퍼붓는 행위는 피해주시기 바랍니다.)

- walk down the aisle : 결혼식을 올리다
  - She is ready to walk down the aisle. (그녀는 결혼식을 올릴 준비가 돼 있다.)

- curse and swear : 악담을 퍼붓다, 육두문자를 늘어놓다
  - He never opens his lips without curse and swear. (그는 말끝마다 악담과 욕설을 한다.)
  - » 동의어 : call all sorts of names
  - She ranted and raved at her husband calling all sorts of names.
    (그녀는 남편에게 악담을 퍼부으며 소리를 지르고 악을 썼다.)

- feel cheap : 기가 죽다, 풀이 죽다, 부끄럽게 여기다
  - His treatment of her made her feel cheap. (그녀를 대하는 그의 태도는 그녀의 기를 죽게 했다.)
  - » 동의어 : lose heart, be crestfallen, be cast down
  - The most important thing in illness is never to lose heart.
    (질병을 앓으면서 가장 중요한 것은 용기를 잃지 않는 것이다.)
  - When she failed her exams, she was crestfallen. (시험에 떨어지고 나서 그녀는 풀이 죽었다.)
  - Don't be so cast down. (그렇게 낙담하지 마라.)

A quirk of fate
운명의 장난

얄궂은 운명의 장난(a mischievous play of fate)이란 이런 것을 두고 하는 말일까.

2014년 7월 17일 친러시아 반군이 장악하고 있던(be held by pro-Russian rebels) 우크라이나 동쪽 영토 상공에서 말레이시아 항공 MH17편이 피격되었다(be hit over territory in eastern Ukraine). 해당 여객기에 탑승한 승무원 산짓 싱은 아내와 같은 항공사에서 일한다.

불의의 참사로 목숨을 잃은(be killed in an unexpected catastrophe) 싱은 원래 이 여객기 승무원으로 탑승할(board the plane as cabin crew) 인원이 아니었다. 그런데 무슨 이유에서인지 막판에 동료와 비행편을 바꿔 탔다가(swap flights with a colleague for some reason) 참변을 당했다(fall victim to the disastrous tragedy).

---

* mischievous : 짓궂은, 해를 끼치는
  His mischievous pranks turned to fights. (그의 짓궂은 장난은 싸움으로 번지고 말았다.)

싱 부부의 삶과 죽음은 믿기 힘든 운명의 장난으로 맞바뀌게 됐다(be switched by an astonishing twist of fate). 싱의 아내는 당초 MH17편 사고 4개월 전에 흔적도 없이 사라진(vanish into thin air) MH370편에 승무원으로 탑승하게 돼 있었다. 그런데 어떤 연유에서인지 근무를 바꿔 실종된 여객기에 타지 않았고(swap herself off the missing flight through certain circumstances), 구사일생으로 목숨을 구할(have a narrow escape from death) 수 있었다. 그런데 4개월 만에 자신과 뒤바뀐 운명으로 남편을 잃고(be widowed) 만 것이다.

그런가 하면 네덜란드의 한 사이클 선수는 격추당한(be shot down) MH17편과 실종된 MH370편 둘 다 예약을 했으나, 더 값싼 비행기표 등을 이유로 막판에(at the last minute) 취소해 두 차례나 천우신조로 목숨을 건졌다(escape death by the grace of God). 어느 영국인 부부는 아기와 함께 MH17편 이륙 직전(just before take-off) 공항에 뒤늦게 도착했으나 탑승구

---

* swap : 바꾸다, 나누다
He wanted to swap his blue necktie for my red one.
(그는 자신의 파란 넥타이를 내 빨간 넥타이와 바꾸기를 원했다.)

* astonishing : 놀라운, 믿기 힘든
He has an astonishing physical strength. (그는 정말 놀라운 체력을 갖고 있다.)

(the boarding gate)가 이미 닫혀 죽음을 모면했다(cheat death).

2009년 5월 브라질에서 휴가를 보낸(spend their holiday in Brazil) 한 이탈리아인 부부는 파리로 향하는 에어프랑스 447편 티켓을 끊었다. 하지만 공항에 늦게 도착해(show up late to the airport) 비행기를 놓치고(miss the flight) 말았다. 그런데 이 여객기는 네 시간 만에 대서양에 추락(crash into the Atlantic four hours into its flight), 228명 탑승자 전원이 사망했다.

하지만 목숨을 건진 운은 오래가지 못했다. 이튿날 아내가 엉뚱하게도 자동차 충돌 사고로 숨졌다(die in a car crash). 오스트리아로 가는 다른 비행기를 타고 가서 렌터카를 빌려 이탈리아 집으로 돌아가던 길이었다. 차량이 길을 벗어나면서(veer across a road) 마주 오던 트럭 쪽으로 미끄러져(swerve into an oncoming truck) 아내는 현장에서 숨지고, 남편은 중상을 입었다.

운명은 피해가려고 돌아간 길에 또다시 나타나기도 한다. 그래서 운명은 나중에 되돌아볼 수는 있는 것(something you look back at afterwards)이지만, 미리 알 수 있는(be known in advance) 것은 아니다.

---

* veer : 방향을 틀다, 방향을 바꾸다
  The taxi veered onto the wrong side of the road.
  (그 택시는 방향을 홱 틀어 제 길을 벗어나 잘못된 도로로 올라섰다.)

* swerve : 방향을 갑자기 바꾸다, 진로를 벗어나다
  He tried to swerve out of the way. (그는 길에서 벗어나려 했다.)

Idioms & Synonyms 관용구 & 동의어

- vanish into thin air : 온데간데없이 사라지다, 흔적도 없이 사라지다
  - The escaped prisoner has vanished into thin air. (탈옥수는 감쪽같이 사라졌다.)
  - » 동의어 : disappear without a trace
  - The village disappeared without a trace under the flood.
    (그 마을은 홍수로 흔적도 없이 사라졌다.)

- have a narrow escape from : ~에서 구사일생하다, 가까스로 모면하다
  - She had a narrow escape from death. (그녀는 간신히 목숨을 건졌다.)
  - » 동의어 : escape by a hair breadth
  - His father escaped death by a hairs breadth in the Vietnam War in 1969.
    (그의 아버지는 1969년 베트남전쟁에서 가까스로 죽음을 모면했다.)

- show up : 나타나다, 드러내 보이다
  - If you don't show up, they'll want to know why.
    (네가 나타나지 않으면, 그들은 그 이유를 알고 싶어 할 것이다.)
  - » 동의어 : turn up
  - What are the odds he won't turn up? (그가 나타나지 않을 확률이 얼마나 될까.)

- swerve from : ~에서 획 방향을 틀다
  - The bullet swerved from the mark. (탄환이 표적에서 빗나갔다.)
  - » 동의어 : deviate from
  - They do not want to deviate from standard practice.
    (그들은 표준 관행에서 벗어나기를 원하지 않는다.)

Steward who changed flights to work MH17 at the last minute had wife who had swapped OFF doomed Flight MH370

It's an astonishing twist of fate – a Malaysian air steward is dead after swapping himself onto flight MH17, only months after his wife, who is also a steward, saved her own life by swapping herself off the missing Malaysian Airlines flight MH370.

Sanjid Singh's last minute decision to board Malaysian Airlines flight MH17 has devastated his family.

The Malaysian Insider reported that the 41-year-old had swapped flights with a colleague to fly on the Kuala Lumpur-bound Boeing 777.

His wife had swapped out of flight MH370 which has been missing since March.

The father of the steward, 71-year-old Jijar Singh, sobbed as he said was eager to see his youngest child and only son after the flight.

'He always called us before he leaves for his trip,' Sanjid's father said.

'Sanjid's wife was meant to fly on MH370 but swapped with another colleague at the last minute.'

A list which names the 15 crew members on board Malaysian Airlines flight MH17 shows they were all Malaysian.

A post from @annerafdzi shows a list which details information including their rank, age and gender. They were aged from 27 to 54.

The list shows the two captains on the plane were Wan Amran Bin Wan Hussin, 50, and Eugene Choo Jin Leong, 45.

Angeline Premila, who is named last on the list, was reportedly a stewardess on the flight.

One friend, Mohammad Mohaimeen Rashid, shared the 30-year-old's photo on Facebook and wrote: 'You didn't die, you just will be flying higher. Rest in peace'.

Friends of another flight attendant Shazana Salleh, 31, wrote on her Facebook page.

'We pray for you Shazana. #MH17,' Hideaki Tanaka said.

Kamarularifin Arshad wrote: 'Please be safe.'

Danica Weeks, from Perth, who lost her husband on missing flight MH370 has spoken out in the aftermath of the most recent Malaysia Airlines tragedy, telling affected families that she knows what they're going through.

'I know the pain it causes and it's just horrible, my heart goes out to the families,' she told Port Macquarie News.

She has urged families affected by the tragedy to stick together, criticising the way Malaysia Airlines have handled their affairs since MH370 went missing in March.

'Malaysia Airlines ... [communication] has been far and few between, they haven't been very good at communicating at all.'

_《Daily Mail》, July 18, 2014

The reason of looking hotter in sunglasses
선글라스 끼면 더 멋져 보이는 이유

피서철(the season of summer exodus)이 다가와도(be drawing near) 해외여행은 차치하고(leave the overseas trips aside) 국내의 바다나 산으로 피서 갈 여유조차 없는(cannot afford to go to summer vacation) 사람도 많다. 휴가를 가지 않고 집에만 머무르는 것을 "방콕 간다"고 말한다. '방'에 '콕' 박혀 있는다는 얘기인데, 영어에도 이런 '방콕'을 뜻하는 단어가 있다. 'staycation'이다. '남아 있다'는 'stay'와 '휴가'를 뜻하는 'vacation'을 붙여 만든 합성어(a compound word)다.

'방콕족'이라고 크게 아쉬울 건 없다. 바람(선풍기)도 있고, 물(수돗물)도 있다. 다만 한 가지, 선글라스 낀 멋진 이성들을 볼 기회가 없다는 것이 못내 안타까울(feel deep regret) 수는 있다. 하지만 그것도 위안 삼을(console

---

* console : 위로하다, 위안을 주다
  Nothing could console him when his wife died.
  (그의 아내가 죽었을 때 그 무엇도 그에겐 위로가 되지 않았다.)

yourself) 건 있다. '속지 말자 화장발, 다시 보자 조명발'이라는 말이 있듯 '선글라스발'도 있다는 사실이다. 선글라스를 끼면 더 매력적으로 보일(look more attractive with sunglasses on) 뿐이다.

그럼 왜 선글라스는 못생긴 얼굴도 잘생겨 보이게 하는(make their misshapen faces look better) 것일까. 그 이유는 눈 주변의 비대칭적 기이함을 모두 가려주기(cover up any asymmetrical oddities around their eyes) 때문이다. 얼굴의 매력(facial attractiveness)은 대칭성과 미(美)에 대한 우리의 지각 간 관계(a link between symmetry and our perceptioin of beauty)로 결정되는데, 선글라스의 똑같은 두 안경알이 그 균형미를 대신해준다.

선글라스는 또 얼굴 윤곽이 뚜렷해 보이게 한다(make the contour of their faces clean-cut). 밋밋한 얼굴 위에(on top of their soft-featured face) 윤곽이 분명한 골상(骨相) 모습을 얹어주는(impose the appearance of a chiseled bone structure) 효과를 낸다.

신비감도 있다. 사람에 대한 순간적 판단(snap judgments about people)은 눈을 들여다보는(look them in the eyes) 것으로 이뤄진다. 시선을 마주침으로써(by making eye contact with them) 지적 능력, 진실성 등을 가늠하는

---

* misshapen : 기형의, 모양이 정상이 아닌
Both of his arms are misshapen. (그의 두 팔은 모두 기형이다.)

데(weigh up their intelligence, sincerity and so on), 선글라스는 그런 통찰력 형성을, 말 그대로 어둡게 해버려(keep us literally in the dark about forming those perceptions) 알 수 없게 만든다.

그래서 만들어지는 신비한 느낌(an air of mystery)은 성적 욕구를 부추긴다(instigate sexual desire). 속내를 알기 어려운(be hard to figure out) 상대에게 더 끌리게(feel more attracted to them) 된다.

과학자들이 이 가설을 사실로 입증했다(bear the hypothesis out). 일부 여성들이 아주 큰 선글라스를 쓰는(put on a pair of oversized sunglasses) 것은 그 밑에 더 많은 뭔가가 있는 것으로 착각하게 유도하는 효과를 가져온다고 한다.

피서를 가지 못하는 '방콕족', 특히 고3과 재수생 여러분은 이 말로 위안을 삼으며 열심히 공부하기 바란다.

"내가 선글라스를 쓰는 것은 내 앞날이 너무 눈부시기(be so bright) 때문이다."

---

* perception : 지각, 자각, 통찰력
It's time when our perception of reality is critical. (현실에 대한 우리의 자각이 중대한 때이다.)

* instigate : 착수하게 하다, 교사하다
This political party instigates workers to go on strike.
(이 정당은 노동자들을 선동해 파업을 하게 한다.)

* hypothesis : 가설, 추측, 추정
Their statement is simply a hypothesis. (그들의 말은 단순한 가설일 뿐이다.)

Idioms & Synonyms 관용구 & 동의어

- leave aside : ~을 차치하다, 제쳐놓다
  - Leaving aside the cost of the scheme, let us examine its benefits.
    (그 계획에 소요되는 비용은 제쳐놓고, 그 이득을 살펴봅시다.)

- cannot afford to : ~할 여유가 없다, ~할 형편이 안된다
  - I cannot afford to buy a new car. (나는 새 차를 살 여유가 없다.)

- console oneself : 스스로 위로하다, 달래다
  - He consoled himself with by thinking that at least his life had been saved.
    (그는 목숨을 건진 것만으로도 다행이라고 스스로를 달랬다.)

  » 동의어 : comfort oneself
  - She comforts herself with the thought that the results are better than she expected.
    (그녀는 결과가 기대했던 것보다 낫다는 생각으로 스스로를 위로한다.)

- weigh up : 가늠하다, 저울질하다, 심사숙고하다
  - You have to weigh up the options before making your final decision.
    (최종 결정을 내리기 전에 선택사항들을 신중히 따져봐야 한다.)

- bear out : ~이 옳음을 증명하다
  - He tried to bear out his innocence. (그는 자신의 결백을 입증하려고 애를 썼다.)

- Keep your friends close and your enemies closer.
  (친구는 가까이에, 적은 더욱 가까이에 두라.)
  : 적이 있다면 그와 공개적으로 싸우지 말고 친구인 것처럼 해야(pretend to be friends with them) 가까이서 주시할(watch them carefully) 수 있고, 무슨 일을 꾸미고 있는지 알 수 있다는(figure out what they're planning) 의미다.

- Leadership is the capacity to translate vision into reality.
  (리더십이란 비전을 현실로 바꿔주는 능력이다.)

- Lightning never strikes twice in the same place.
  (벼락은 절대 같은 곳에 두 번 떨어지지 않는다.)

- Make hay while the sun shines. (햇빛이 비칠 때 건초를 만들어라.)
  : 찬스가 왔을 때 그 기회를 최대한 활용하라는(make the most of the opportunities) 뜻이다.

- March winds and April showers bring forth May flowers.
  (3월의 바람과 4월의 비가 5월의 꽃을 피게 한다.)
  : 때로는 달갑지 않은 것들(unpleasant things)이 좋은 결과를 가져오는 데 필요하기도 하다는(be required to bring good results) 의미다.

- Never judge a book by its cover. (결코 표지만 보고 그 책을 판단하지 마라.)

- Never put off until tomorrow what you can do today.
  (오늘 할 수 있는 일을 절대 내일로 미루지 마라.)

- No man is an island. (사람은 그 누구도 섬이 아니다.)
  : 사람은 완전히 외따로 살(live completely independently) 수 없으며, 누구나 다른 사람들의 도움을 필요로 한다는(need help from other people) 뜻이다.

- One man's trash is another mans treasure.
  (어느 사람에겐 쓰레기인 것이 다른 사람에겐 보물이 될 수 있다.)
  : 사람마다 무엇이 가치 있는가에 대해 서로 다른 생각을 가질(have different ideas about what's valuable) 수 있다는 뜻이다.

- Only those who will risk going too far can possibly find out how far one can go. (아주 멀리 가보는 모험을 해보려는 사람만이 얼마나 갈 수 있는지를 알게 된다.)

- People who live in glass houses should not throw stones.
  (유리로 된 집에 사는 사람은 돌을 던져서는 안 된다.)
  : 당신 자신이 완벽하지 않다면(be not perfect yourself) 다른 사람들을 비판해서는(criticize other people) 안 된다는 의미이다.

- Someone who smiles too much with you can sometime frown too much with you at your back.
  (당신에게 너무 많은 웃음을 지어 보이는 사람이 당신 등 뒤에선 엄청나게 눈살을 찌푸리는 사람일 수 있다.)

- Take care of your body. It's the only place you have to live.
  (당신의 몸을 잘 건사해라. 거기가 당신이 살아야 할 유일한 곳이다.)

- The apple never falls far from the tree. (사과는 나무에서 멀리 떨어지지 않는다.)
  : 어느 부모의 자녀는 그 부모와 여러 가지 면에서 닮게 돼 있다는(be in many regards like their parents) 말이다.

- The language of friendship is not words but meanings.
  (우정의 언어는 단어가 아니라 의미이다.)

- The light at the end of the tunnel may be an oncoming train.
(터널 끝의 빛이 마주 오는 열차일 수도 있다.)

- The opposite of bravery is not cowardice but conformity.
(용감함의 반대말은 비겁함이 아니라 그냥 순응하고 따르는 것이다.)

- The squeaky wheel gets the grease. (삐걱거리는 바퀴가 기름칠을 받는다).
: '우는 아이 떡 하나 더 준다'는 한국 속담에 해당하는 말이다. 참을성 있게 기다리고만 있으면(wait patiently) 아무 신경도 안 써주고, 뭔가에 대해 불평을 떠벌여야(complain about something) 돌봐준다는 의미다.

- The wise man learns more from his enemies than the fool does from his friends. (현명한 사람은 자신의 적으로부터 많은 것을 배우고, 어리석은 자는 친구들에게서 배운다.)

- There are two ways of spreading light; to be the candle or the mirror that reflects it. (빛을 퍼뜨리는 데는 두 가지 방법이 있다. 촛불이 되든가, 그 빛을 반사하는 거울이 되든가.)

- There's no such thing as a free lunch. (공짜 점심 같은 건 없다.)
: 공짜로 주어지는(be offered for free) 것에는 늘 숨겨진 대가(hidden cost)가 있다는 얘기다.

- To handle yourself, use your head and to handle others, use your heart.
(너 자신을 다루려면 머리를 쓰고, 다른 사람들을 다루려면 가슴을 써라.)

- Too many cooks spoil the broth. (요리사가 너무 많으면 죽을 망친다.)
: 사공이 많으면 배가 산으로 간다는 속담과 같은 뜻으로, 혼란을 빚어 오히려 나쁜 결과를 가져온다는 얘기다.

- Trying to be happy without giving to others is like trying to kiss alone.
(다른 사람들에게 베풀지 않으면서 혼자 행복하기를 바라는 것은 자기 홀로 키스를 하겠노라 애쓰는 것이나 마찬가지다.)

• Two wrongs don't make a right. (두 개의 악이 하나의 선을 만들지 못한다.)
: 누군가가 당신에게 나쁜 짓을 저지른(do something bad to you) 경우, 복수를 하려 하는(try to get revenge) 것은 일을 더 악화시킬 뿐이라는(only make things worse) 뜻이다. 악을 악으로 갚아 봐야(revenge wrong with wrong) 좋을 게 없다는 얘기다.

• When money speaks, truth keeps silent. (돈이 말을 하면 진실은 침묵한다.)

• Who said grapes are soft? They never cry when you step on them, they just let out a bit of wine.
(누가 포도는 부드럽다고 했던가. 포도는 짓밟아도 절대 울지 않는다. 그런 와중에도 와인을 만들어낸다.)

• You can't shake hands with a clenched fist. (꽉 쥔 주먹으로는 악수를 할 수 없다.)

NEWS ENGLISH 2

윤희영의 뉴스 잉글리시 2

1판 1쇄 인쇄 2017년 3월 23일
1판 1쇄 발행 2017년 3월 31일

지은이 윤희영
펴낸이 김성구

책임편집 김동규
단행본부 박혜란 이은정 김민기 나성우
디자인 홍석훈 문인순
제 작 신태섭
책임마케팅 송영호
마케팅 최윤호 유지혜
관 리 노신영

펴낸곳 (주)샘터사
등 록 2001년 10월 15일 제1-2923호
주 소 서울시 종로구 대학로 116 (03086)
전 화 02-763-8965(단행본부) 02-763-8966(영업마케팅부)
팩 스 02-3672-1873 **이메일** book@isamtoh.com **홈페이지** www.isamtoh.com

ISBN 978-89-464-2054-0 14740
ISBN 978-89-464-2055-7 (세트)

이 도서의 국립중앙도서관 출판예정도서목록(CIP)은 서지정보유통지원시스템 홈페이지(http://seoji.nl.go.kr)와
국가자료공동목록시스템(http://www.nl.go.kr/kolisnet)에서 이용하실 수 있습니다.(CIP제어번호: CIP2017007111)

값은 뒤표지에 있습니다.
잘못 만들어진 책은 구입처에서 교환해드립니다.

* 이 책에 수록된 원문 뉴스 일부는 저작권자와 연락이 닿지 못했습니다.
저작권자가 확인되는 대로 정식 수록 절차를 밟도록 하겠습니다.